大人になる前に知っておきたい

本当にあった お金のこわい話

八木陽子 監修

宝島社

はじめに

こんにちは、ファイナンシャルプランナーの八木陽子《やぎようこ》です。

みなさん、お金の歴史《れきし》について考えたことはありますか。

昔は、おうちの人が働いてもらえるお金、お給料は、すべて現金《げんきん》でした。お金はお給料袋《ぶくろ》に入っていて、それを受け取っていました。重たい1ヵ月分のお給料袋を持って帰ってくると、家族は感謝《かんしゃ》の気持ちがわいたのではないかと思います。

その後、お給料は銀行振《ふ》り込《こ》みといって、いったん銀行に入金され、必要なときに引き出して使われるようになりました。私《わたし》の子どものころは、すでに大人はクレジットカードなどを使用していましたが、子どものおこづかいは、現金のみでした。私は、おこづかいを貯《た》めて、かわいい便箋《びんせん》や少女マンガを買うのが大好きでした。

そして、2025年の今、お金はどうなっているでしょうか。「現金はほとんど使っていない」「スマホ（携帯電話《けいたいでんわ》）は持つけど、財布《さいふ》は持たない」という人も多くなりました。子どものおこづかいやお年玉も、キャッシュレスでという人もいます。

これからもお金の姿《すがた》はどんどん進化していくかもしれません。でも、お金の世界において大切なことは変わりません。

お金の世界では、「信用」が基盤《きばん》になっています。

お金には、信用があるから、100円の物と交換《こうかん》できます。国が保証《ほしょう》してくれるから、紙のお金も、データのお金も、安心して使えます。お金の世界では、信用がとても大切です。

みなさんが、本書のマンガのエピソードのように、いくつかの失敗を重ねながらも、将来《しょうらい》、誠実《せいじつ》な信用できる大人に成長していくことを心から願っています。

目次

本書は２０２５年１月時点の情報をもとに制作しています。

本書に登場するエピソードは、「子供たちの金銭感覚　事件レポート１００」（キッズ・マネー・ステーション）などを参考に再構成したものです。実在の人物・団体とは関係ありません。

プロローグ

宝島中学校
ん〜〜〜…
むずかしい顔して何を見てんの？
う〜〜んちょっとね〜
今年絶対買うべきコスメ10選
最近動画サイトで見たほしいコスメがあるのにお金がなくって…
あ〜わかるわかる俺《おれ》もほしいゲームがあるのにおこづかいが少なくてな〜…

大人は買い物だの旅行だのにお金を自由に使えるのに
子どもはそうじゃないじゃん
俺たちだってほしいものがあるのにさ〜
簡単《かんたん》にお金を増《ふ》やす方法はないのかな〜…
そこでなやんでいるお2人さん
ちょっといいですか？
ガラッ
だ、誰《だれ》…!?

私《わたし》はあやしい者ではございません
ちょっとお金にくわしいお金博士《はかせ》です
そんなことより……
あやしい…
お金を簡単《かんたん》に増《ふ》やしたい…
そんな考えは甘《あま》い！
甘すぎます！
そのような甘い考えと知識《ちしき》不足のせいで落《お》とし穴《あな》にはまる可能性《かのうせい》があるんですよ
ゴゴ
それがときには人生に関わる大問題になることだってあるんです
ゴゴゴ

…私たちがお金についてあまり知らないのはそうだけど…
じゃあ具体的に何を知ればいいの？
パチン
それではこれからいくつかお金に関するトラブル事例を見ていきましょう
それによってみんながどう思うか、確《たし》かめてみてください
お〜

ケース
1

お札《さつ》をコピーしたら

Convenience Store
最強おにぎり大集合！
マルチコピー機
まずはコピーっと…
いらっしゃいませ
ぴらっ
……
ON GINKO
100
このお札をコピーしたらどうなるんだろう…
お母さんもいないし今ならバレないよね…
さっ
ポチッ
コピー
スター

な〜んだ！
これでお金
増《ふ》やせるんじゃん！
これなら
お菓子《かし》も
おもちゃも
買《か》い放題だ！
ウィー…
ピ…
ピーー
ピーー
ぎーよっ
え…！
な、何…!?
ピー
ピー
どうかしましたか？

君、もしかして
お札《さつ》をコピーしようと
したのかい？
紙幣《しへい》のコピーは
法律《ほうりつ》で禁止《きんし》されて
いるんだ
君がやろうと
したことは
立派《りっぱ》な犯罪《はんざい》
なんだよ！
刑法《けいほう》第148条《じょう》
【通貨偽造《ぎぞう》および行使等】
行使の目的で、通用する貨幣、
紙幣又《また》は銀行券《けん》を偽造し、
又は変造した者は、
無期又は三年以上の懲役《ちょうえき》
に処《しょ》する。
本当に
すみません！
お金をコピーすると
大変なことになる
みんな
気をつけよう！

ココがNG

遊びでお金をコピーしようとした

バレなければいい？ お金のコピーは絶対禁止《ぜったいきんし》！

お金は、コピーをすれば簡単《かんたん》に増《ふ》やせると思うかもしれません。しかし、バレなければいいだろう、遊びだからやってもいいだろう、使わなければいいだろうと思っても、にせ札《さつ》をつくること自体が通《つう》貨偽造《かぎぞう》の罪《つみ》という犯罪《はんざい》になります。軽いイタズラの気持ちでも、絶対《ぜったい》にやめましょう。

コピー機でお札をコピーしようとすると、警告《けいこく》のアラームが鳴ったりして、コピーできないしくみになっています。

こうすればOK

お金の取りあつかいは慎重《しんちょう》に

お金は大切！ 雑《ざつ》にあつかったり遊んだりしない

今回の男の子は、おうちの人から受け取ったお金をそのままポケットに入れていました。こういった点からも、お金を大切にあつかえていないことがわかります。

おうちの人からお金を預《あず》かったときは、すぐに財布《さいふ》にしまいましょう。ポケットやカバンなどにそのまま入れると、破《やぶ》れたり、なくしたりする原因《げんいん》になります。

また、コピーをしたり、お札に落書きをするなど、お金を遊びの道具にしてはいけません。

STEP UP

知っておきたい お金の基本《きほん》

どうやってつくる？ 届《とど》く？ お金の種類と流通のしくみ

現在《げんざい》日本では、一万円札、五千円札、二千円札、千円札という4種類のお札《さつ》（紙幣《しへい》）が使われています。

それぞれのお札には、歴史《れきし》や文化に大きな影響《えいきょう》を与《あた》えた人物（二千円札だけ建物）が描《えが》かれています。

2024年には、約20年ぶりにお札のデザインが大きく変わりました。それまでは、一万円札は福沢諭吉《ふくざわゆきち》、五千円札は樋口一葉《ひぐちいちよう》、千円札は野口英世《のぐちひでよ》が描かれていました。新しいデザインのお札（新紙幣）には、にせ札をよりつくりにくくする技術《ぎじゅつ》が使われています。

お金のことを決めるのは、国の財務省《ざいむしょう》という組織《そしき》です。国民が使えるお金の量が少なすぎると、買い物がしづらくなったりします。また、多すぎると、お金の価値《かち》が下がってものの値段《ねだん》が上がりすぎます。そのため、みんなが使いやすく便利になるように、国がバランスを取って計画しています。

だから、私《わたし》たち国民が勝手にお札をつくったり、コピーして増《ふ》やそうとしたりしてはいけません。

お札の種類はこれだけある！

一万円札　肖像《しょうぞう》画《が》：渋沢栄一《しぶさわえいいち》

日本初の銀行を設立《せつりつ》。多くの会社をつくるなど、経済《けいざい》の発展《はってん》に貢献《こうけん》した近代日本経済《けいざい》の父。

五千円札　肖像画：津田梅子《つだうめこ》

現在の津田塾《つだじゅく》大学を設立。多くの女性《じょせい》に学びの場を提供《ていきょう》した、女性教育の第一人者。

二千円札　建物：首里城《しゅりじょう》

現在の沖縄県で栄えた“琉球《りゅうきゅう》王国”の歴史と文化の中心。2019年に火災《かさい》で焼失してしまった。

千円札　肖像画：北里柴三郎《きたざとしばさぶろう》

日本の細菌《さいきん》学者。破傷風《はしょうふう》の治療法《ちりょうほう》やペスト菌を発見。伝染病《でんせんびょう》研究所や北里大学を設立した。

出典：国立印刷局ホームページ

技術《ぎじゅつ》の集まり！にせ札《さつ》はつくれない！

お札には、にせ札づくりを防《ふせ》ぐ工夫《くふう》がほどこされています。

たとえば、手でさわるとざらつくところがあったり、光にすかすと見えなかった画像《がぞう》がうかび上がったり、かたむけると色が見えてくる部分などがあります。ルーペを使わないと見えないような小さな文字も印刷されています。

これらの技術は、コピー機で写し取ったり、まねてつくったりすることができません。

偽造防止《ぎぞうぼうし》の技術は
たくさんあります。
いくつか見て
みましょう

にせ札をつくらせないしくみ

壱万円
日本銀行券
見本
AA000000AA
10000
SPECIMEN
日本銀行
BANK OF JAPAN
AA000000AA
10000
①
②
③

出典：国立印刷局ホームページより、加工して作成。

① すかし

表面の肖《しょう》像《ぞう》画《が》と同じ画像がうかび上がる。肖像画のほか、細かい模《も》様《よう》も見える。

一万円札

五千円札

千円札

② すき入れバーパターン

縦《たて》に棒《ぼう》がうかび上がる。一万円札は 3 本、五千円札は 2 本、千円札は 1 本。

一万円札

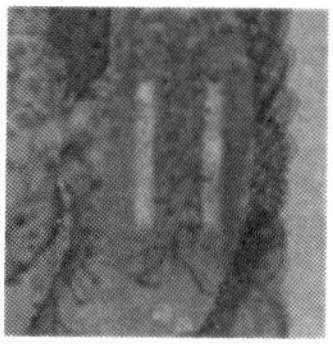

五千円札

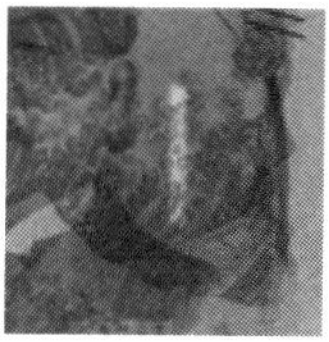

千円札

③ 3D《ディー》ホログラム

光って見える立体的な画像。角度を変えて見ると、肖像画の向きや模様も変わる。

一万円札

五千円札

千円札

出典：国立印刷局ホームページ

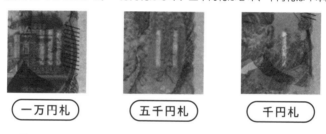

破《やぶ》れたり、よごれたりしたお金はどうなる？

3分の2以上残っている ⇨ 全額《ぜんがく》交換《こうかん》OK

5分の2以上～3分の2未満残っている ⇨ 半額交換OK

5分の2未満残っている ⇨ 交換NG

細かくやぶれたお札《さつ》 ⇨ 条件《じょうけん》がよければ交換OK

できるだけ貼《は》り合わせる。番号や模様《もよう》、色合いなどから、同じお札だとわかれば交換してもらえる。

燃《も》えて灰《はい》になったお札 ⇨ 条件がよければ交換OK

紙やインクの質《しつ》から、本物と特定できれば交換してもらえる。灰がバラバラになるとむずかしい。

溶《と》けた硬貨《こうか》 ⇨ 条件がよければ交換OK

模様などから、本物と特定できれば交換してもらる。

破れた！　溶けた！　きずついたお金は銀行へ

やぶれたお札やとけた硬貨などは、銀行で新しいものに交換できることがあります。

お札の場合、残っている大きさによって、交換できる金額が決まります。また、硬貨は、模様を見分けることができるなど、条件がそろえば交換できます。

お札も硬貨も、お金はわざときずつけたり落書きしたりしてはいけません。硬貨は、穴《あな》を開けるなどした場合、「貨幣損傷等取締《かへいそんしょうとうとりしまり》法《ほう》」により罰《ばっ》せられます。

どこの銀行でも交換してくれるの？
「日本《にっぽん》銀行」という銀行の本店と支店でのみ対応《たいおう》してくれます

もっと知りたい

古くなったお札はどこへ行く？

お札は、使ううちに少しずついたんでいきます。使用年数の平均《へいきん》は、一万円札が４～５年、五千円札と千円札が１～２年といわれます。古くなったお札は、銀行などの金融《きんゆう》機関から日本銀行（お金を発行している銀行）にもどされます。そこで、いたみやよごれ、にせ札などを区別したあと、使えないお札は切って細かくします。細かくなったお金は、その後、トイレットペーパーなどにリサイクルされたり、一般《いっぱん》ごみとして焼却《しょうきゃく》されたりします。

STEP UP《ステップアップ》

進化するお金

お金のない時代から現金《げんきん》を使わない時代へ

　古代《こだい》にはまだお金はなく、ものを手に入れるために「物々交換《ぶつぶつこうかん》」が行われていました。自分が持っているものを、ほしいものと交換してもらうのです。また、米や塩、布《ぬの》などをお金のように使って、ものと交換したりしていました。

　時代が進み、飛鳥《あすか》時代になると、外国のお金をまねて硬貨《こうか》がつくられるようになりました。長い間、地域《ちいき》によってバラバラのお金が使われていましたが、江戸《えど》時代には貨幣制度《かへいせいど》がまとめられ、全国にお金が広がっていきました。

　明治《めいじ》時代には、お金の単位が「円《えん》」に統一《とういつ》され、人物の肖像画《しょうぞうが》を入れたお札《さつ》が発行されました。それから何度も種類を変えながら、今の形になっています。

　それでも、お金はまだ進化中です。現代では、お札や硬貨を使わずに買い物ができる「キャッシュレス決済《けっさい》」（58ページ）が広がっています。また、お金をデータとしてあつかう「暗号資産《しさん》」というしくみもうまれています。これからもお金の姿《すがた》はどんどん変わっていくでしょう。

お金の歴史《れきし》

古代《こだい》

● 物々交換でやり取り

たとえば魚を持っている人が、肉がほしいときに、肉を持っている人と相談して「魚と肉を交換しよう」と決める。

お互《たが》いがほしいものでないと交換できない

● 物品貨幣が使われる

米や布、塩など、人びとにとって「同じ価値《かち》」のものがお金のように使われるようになり、これらをほしいものと交換した。

飛鳥《あすか》〜奈良《なら》

● 通貨が登場

中国のお金をまねた「富《ふ》本銭《ほんせん》」や「和同開珎《わどうかいちん》」がつくられる。それから250年の間に、金貨1種類、銀貨1種類、銅銭《どうせん》12種類がつくられた。

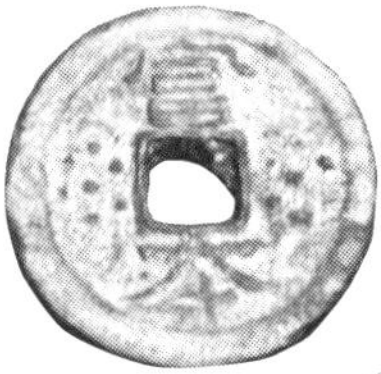

富本銭

和同開珎

画像提供：造幣局《ぞうへいきょく》

平安《へいあん》〜安土桃山《あづちももやま》

● **外国のお金が使われるようになる**

長い間、日本では硬貨《こうか》はつくられず、宋《そう》（中国）から輸入《ゆにゅう》した宋《そう》銭《せん》や、明《みん》（中国）から輸入した永楽通宝《えいらくつうほう》が使われていた。

宋銭

永楽通宝

● **お札《さつ》の誕生《たんじょう》**

日本で最初のお札とされる「山田羽書《やまだはがき》」が広まった。

江戸《えど》

● **全国に同じお金が広まる**

江戸時代、徳川家康《とくがわいえやす》が貨幣制度《かへいせいど》を統一《とういつ》し、全国で使える金貨・銀貨をつくった。その後、銅銭《どうせん》「寛永通宝《かんえいつうほう》」がつくられ全国に広まった。

寛永通宝

● **「藩札《はんさつ》」が多く発行される**

それぞれの大名《だいみょう》が治める領地《りょうち》（藩）でのみ使える「藩札」がつくられた。

明治《めいじ》

● **「円《えん》」が登場**

新貨条例《しんかじょうれい》が制定《せいてい》される。金《きん》1.5gを1円の価値《かち》とみなす「金本位制《きんほんいせい》」のもと、「円」という単位が誕生《たんじょう》した。

● **日本銀行兌換券《だかんけん》が発行**

金《きん》と交換できる紙幣《しへい》が発行された。

画像提供：造幣局《ぞうへいきょく》

昭《しょう》和《わ》

●「管理通貨制」の開始

日本には金《きん》が少なく、金本位制を維持《いじ》できなかった。金本位制が廃止《はいし》され、お金の量を国が決める「管理通貨制」に移行《いこう》した。

●現代《げんだい》のお金の価値《かち》が決定

通貨の額《がく》や発行のしくみ、種類などを定めた「通貨の単位及《およ》び貨幣の発行等に関する法律《ほうりつ》」が制定され、現在の貨幣制度に。

現代・未来のお金

●キャッシュレス

現金を使わずに支払《しはら》いができるしくみのこと。たとえば、クレジットカード、交通系《けい》ＩＣ《アイシー》カード、スマートフォンのアプリを利用したものなどがある。

●暗号資産《しさん》

インターネット上で世界中の人が取り引きできるデータのこと。どこの国の人にとっても価値が同じで、お金のように送り合うことができる。「ビットコイン」などが有名。

最初から今のようなお金があったわけじゃないんだね
これからどんなふうにお金が進化していくのか楽しみだ!

ケース 2

気軽な「おごり」で友《ゆう》情《じょう》にヒビ

じゃあお願〜い
ついでに私の分もよろしく！
いいよ〜
次の日――
今日もお願い！
いいよ〜
ツナマヨおにぎり
その次の日も――
じゃあ今日も！
いいよ〜
そのまた次の日も、ケイちゃんは友達におごり続けたのでした――
数日後のある日…
ママ、定期券にチャージしといて
2025.02.25
……多めに入れておいたはずだけど…

ケイ、あなた定期券《けん》で何か買ってる？
何かって……
自分と友達のジュース買ってるだけだけど…
友達の…？あなた、誰《だれ》にいくらおごったの？
ちゃんと返してもらった!?
エマちゃんとマイちゃんと…
でもいくらかなんて覚えてないもん そんなの

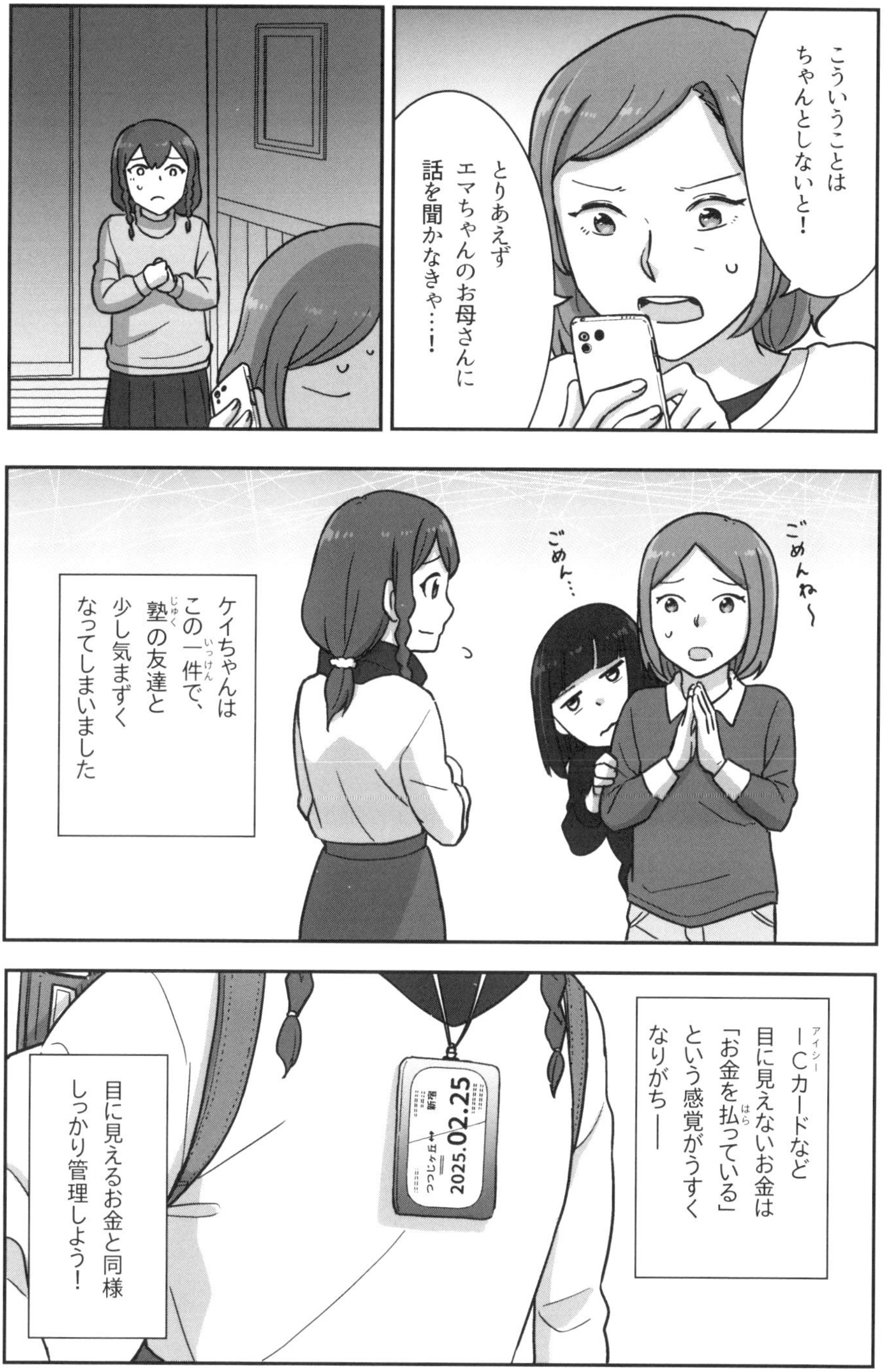
こういうことは
ちゃんとしないと！
とりあえず
エマちゃんのお母さんに
話を聞かなきゃ…！
ごめんね〜
ごめん…
ケイちゃんはこの一件《いっけん》で、塾《じゅく》の友達と少し気まずくなってしまいました
ＩＣ《アイシー》カードなど目に見えないお金は「お金を払《はら》っている」という感覚がうすくなりがち——
2025.02.25
つつじヶ丘
新宿
目に見えるお金と同様しっかり管理しよう！

ココがNG

友達に気軽におごってしまった

IC《アイシー》カードでの支払《しはら》い これもお金を使うこと

「チャージ」とは、カードなどに前もってお金を入れることです。Ｓｕｉｃａ《スイカ》などのＩＣカードは買い物に使えて便利ですが、今回のケースでは、それを使って友達の分まで支払ってしまいました。

ＩＣカードはタッチするだけで支払えるので、お金を使っている感覚がうすれ、ありがたみを感じづらいかもしれません。

しかし、いくら目に見えなくても、使ったら減《へ》る、大切なお金に変わりありません。

こうすればOK

お金の貸《か》し借り・おごりはしない

大切な友達だからこそ お金が原因《げんいん》でもめないために

気軽にお金のやり取りをすると、いくらおごったのかわからなくなったり、本当は返してもらいたいのに返してもらえずに、いやな気持ちになったりします。

お金を貸してと言われたら、「貸し借りはダメと言われている」と勇気を出して断《ことわ》りましょう。

おこづかいは、どこからともなくやってくるものではありません。おうちの人が一生懸命《いっしょうけんめい》働いて得《え》たお金を分けてもらっているものだということを忘《わす》れずに。

STEP UP

利子《りし》・利息《りそく》を知ろう

お金の貸《か》し借りをするときは利子や利息が発生する

「利子」とは、銀行などに借りたお金を返すときに、借りた額《がく》に上乗せして支払《しはら》うお金のこと。「利息」とは、お金を銀行に預《あず》けたときに、そのお礼として銀行が上乗せしてくれるお金のこと。

簡単《かんたん》に言えば、「貸してくれて、預けてくれて、ありがとう」の気持ちをお金で表すものです。お金の貸し借りとは、本当は利子や利息を払い、信用と責任《せきにん》のうえに成り立つもの。友達同士《どうし》で気軽にするものではありません。

将来《しょうらい》借りるかもしれないお金

- **奨学金《しょうがくきん》**

学費《がくひ》などの支払いがむずかしい学生が借りるお金。

- **住宅《じゅうたく》ローン**

住宅の購入《こうにゅう》やリフォームなどのときに借りるお金。

- **カーローン**

自家用車を購入するときに借りるお金。

- **教育ローン**

子どもの教育のため、保護者《ほごしゃ》が借りるお金。

利子・利息のしくみはこんな感じ！

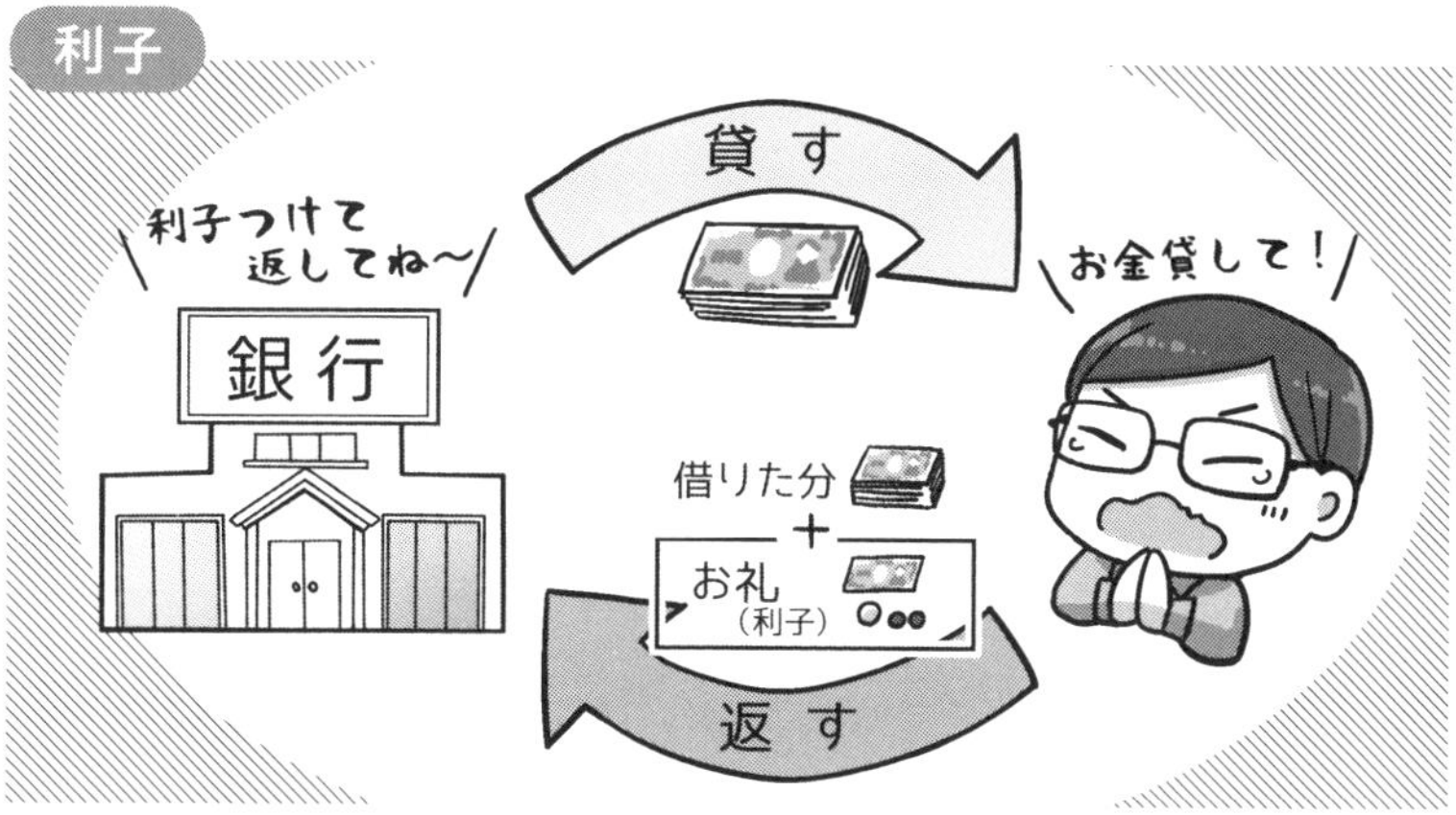

利子とは、銀行がお金を貸した人から受け取る「貸してくれてありがとう」のお礼の金額。家など、大きな買い物をするときに銀行から借りることになる。一般的《いっぱんてき》に、利子は利息よりも金額が多い。

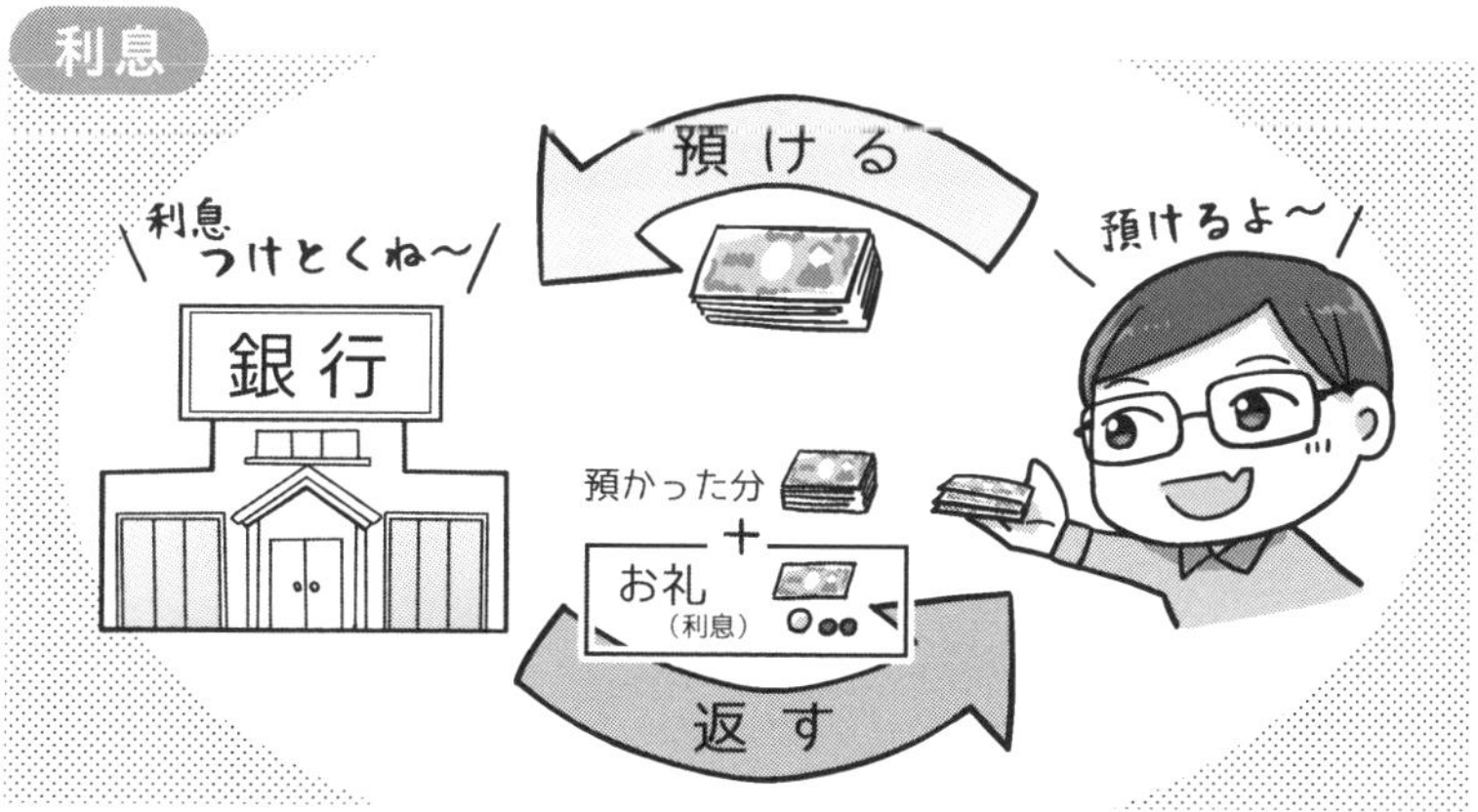

利息とは、銀行がお金を預けてくれている人にわたす「預けてくれてありがとう」のお礼の金額。預金額《よきんがく》に定期的に付与《ふよ》される。しかし、金額はかなり少なめなので、銀行に預けているだけではあまり預金は増《ふ》えない。

STEP UP

ステップアップ

おうちお金ルールをつくろう

ふだんからお金に疑問《ぎもん》や関心を持とう

お金についてわからないことや決められないことがあるときは、おうちの人と話をしてみましょう。

おこづかいは何に使う？　電車賃《ちん》が足りなくなったらどうする？　どうしてもお金の貸《か》し借りが必要になったらどうする？　お金のトラブルがあったらどうする？　などなど、考えてみたら、一人では決めらないことがたくさんあるはずです。

そして、オリジナルの「おうちお金ルール」をつくってみてください。「おこづかい帳をつけて毎月末に見せる」「親子間でのお金の貸し借りにも少し利子《りし》をつける」など、意見を出し合って話し合うことで、お金に対する理解《りかい》が深まるはずです。

お金の話をすることは、はずかしいことではありません

おうちの人と話し合ってみよう!

《例》

- □ おこづかいは月にいくら?
- □ どうしてもほしいものがあるときはどうする?
- □ 友達といるときにお金が足りなくなってしまったらどうする?
- □ お年玉はどう使う?
- □ おじいちゃん・おばあちゃんからもらったお金はどうする?
- □ お姉(兄)ちゃんに100円貸《か》してと言われたらどうする?
- □ 弟(妹)にお菓子《かし》を買ってあげてもいいの?
- □ 友達にプレゼントを買いたいときはどうする?
- □ 道にお金が落ちていたらどうする?
- □ 友達のお母さんがジュースを買ってくれたらどうする?

ケース
3
ライブ配信で推《お》しに投げ銭《せん》

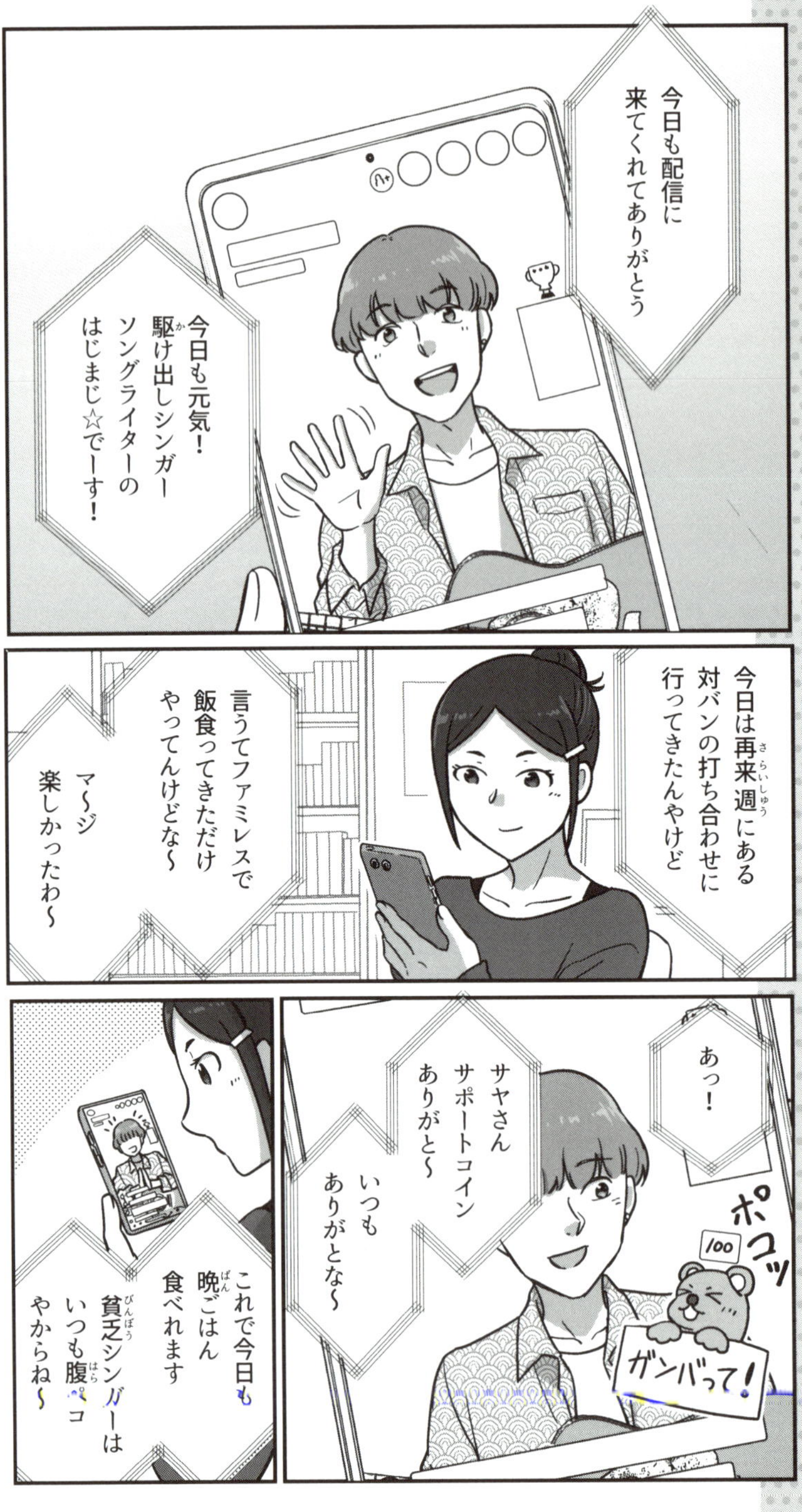

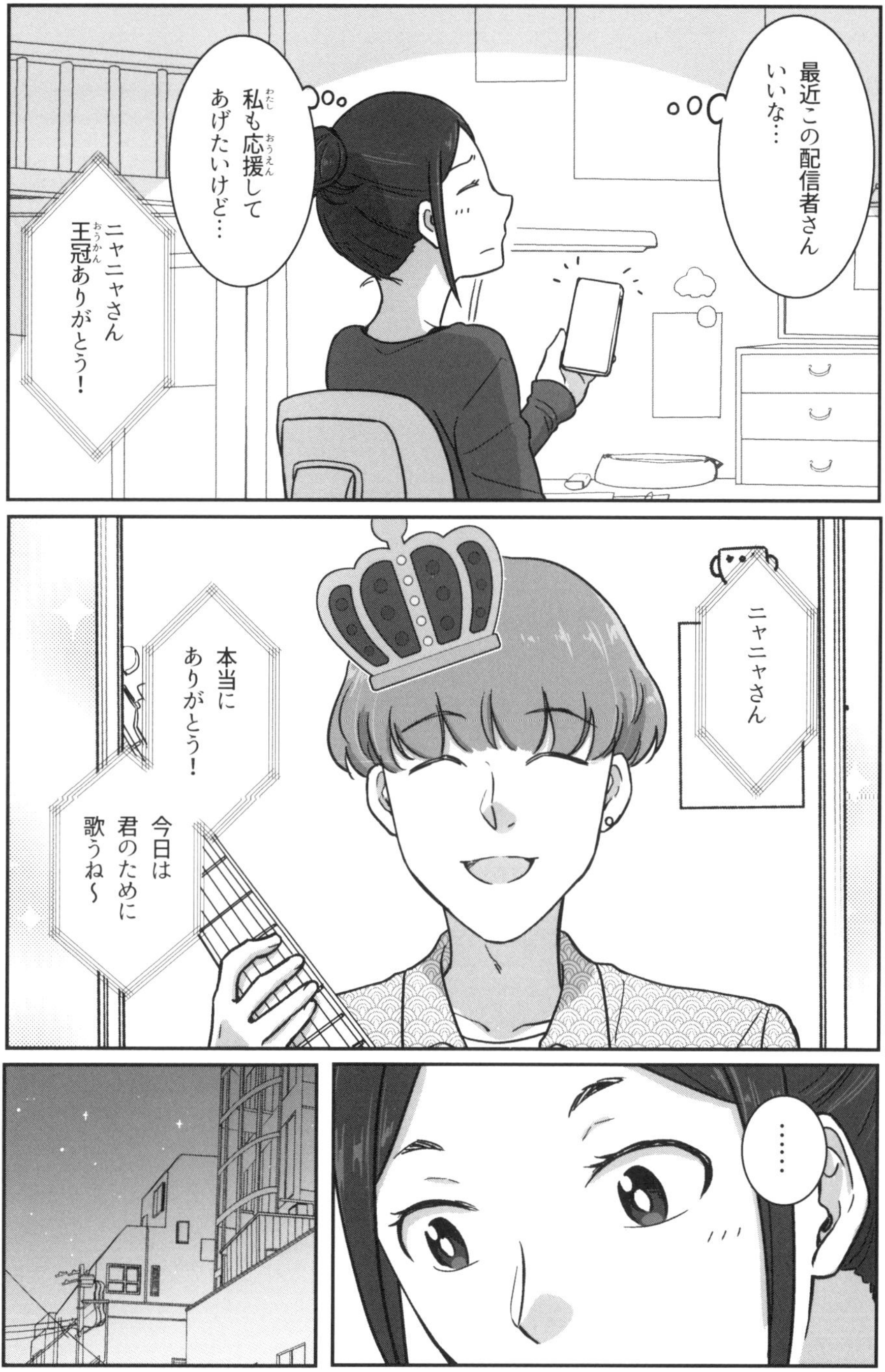
最近この配信者さん
いいな…
私《わたし》も応援《おうえん》して
あげたいけど…
ニャニャさん
王冠《おうかん》ありがとう！
ニャニャさん
本当に
ありがとう！
今日は
君のために
歌うね～
……

ちょっとだけ…
ちょっとだけ名前を呼《よ》んでもらうだけだから…!
す…
タッ
500
1000
2000

おっ！
リタさん
初サポート
ありがとう！
ポコッ
10
いいね
初めてって
緊張《きんちょう》するよね
本当嬉《うれ》しい！
ありがとね
リタさん
たたたたたっ
おぉ！
連続サポート！
リタさん
助かる〜
その日から
すべてが変わった——

ことあるごとにサポートするようになり
リタさん！また王冠《おうかん》ありがとう！
ピコンッ
最初は少額《しょうがく》だった投げ銭《せん》が高額になるのにそんなに時間はかからなかった……
今日はリタさんのために歌うよ
本当にありがとう
1カ月後——
リーちゃんちょっといい？
これ、何？
¥1,070,280

配信者さんに投げ銭したの…

こんなになってるなんて…

ヤベ…

ごめんなさ…

チラッ
一時の楽しみのつもりが、いつの間《ま》にか大切な人をきずつけてしまうことになるかもしれない…

ご利用は計画的に！

ココが NG

自分で払《はら》えない額《がく》の“推《お》し活”をした

ポイント！
ちょっとだけ…
ちょっとだけ名前を呼《よ》んでもらうだけだから…！
最初は少額《しょうがく》だった投げ銭《せん》が高額になるのにそんなに時間はかからなかった……

少額のはずが、いつの間《ま》にか高額に

少額だからいいだろう——。

最初は、そう考えていました。

しかし、一回の金額が少なくても、何度もくり返すと気づかないうちに金額がふくれ上がっていきます。

また、一度楽しさを知ってしまうと、どんどん冷静さを失い、今回のケースのように一回に使うお金が高額になっていくこともめずらしくありません。

そもそも、おうちの人のクレジットカードを勝手に利用することは、どろぼうと同じです。

こうすれば OK

何のためにいくら使うのか計画を立てる

払える金額を考えてお金の使い道を決めよう

お金を使うことも、推し活も、悪いことではありません。計画を立てることが大切です。

お金を使いたいときは、前もって、自分で支払《しはら》える金額を決めます。このとき、ほかにほしいものがないか、よく考えましょう。使い道が決まっていなければ、貯金《ちょきん》することも大切です。

おうちの人のクレジットカードが必要なときは、何のためにいくら使いたいのかを相談します。絶《ぜっ》対《たい》に勝手に使ってはいけません。

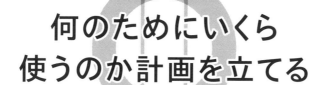

ステップアップ

STEP UP

クレジットカードのしくみ

クレジットカードは魔法《まほう》のカードではない

買い物をするときにクレジットカードを使うと、カード会社が持ち主の代わりに支払《しはら》いを行ってくれます。現金《げんきん》を出す必要がないのでとても便利です。

でも、クレジットカードは魔法のカードではありません。使った分のお金は、銀行に預《あず》けておいたお金から、あとでまとめて支払うしくみになっているからです。

銀行に預けてあるお金が足りなくなれば、借金をかかえることになってしまいます。

クレジットカードで買い物をする流れ

クレジットカード利用には注意も必要

●いくら使ったか記録する

カードで支払うお金は目に見えないので、大人でもつい使いすぎてしまう。何にいくら使ったか確《たし》かめて記録しておくことが大切。おうちの人のカードの支払いになっているときは、必ず、おうちの人にたずねる。

●カード番号を人に教えない

クレジットカードの番号は、インターネットで買い物をするときに必要。カード番号がバレると、他人に勝手に使われてしまうかも。どこからもれるかわからないので、カード番号は、だれにも（友達にも）教えない。

●むやみにカード情報《じょうほう》を登録しない

インターネットの中には、登録させたクレジットカードの番号をぬすみ取って不正に利用したり、他人に情報を売ったりする違法《いほう》なサイトがある。安全なサイトなのかをおうちの人に確認《かくにん》してから利用するようにしよう。

目に見えない
お金だからこそ
より注意しなきゃね

もっと知りたい

☑ クレジットカードを落としたらどうなる?

クレジットカードを持ち歩くときは大切に財布《さいふ》やカードケースにしまいます。それでも、もしカードをなくしてしまったときは、すぐにカード会社に連絡《れんらく》しましょう。なくしたことを伝えると、カード会社は、そのカードを使えないように手続きをしてくれます。他人が悪用することを防ぐのです。なくしたことに気づかず不正利用されると大変なので、カードの取りあつかいは慎重《しんちょう》に。

STEP UP

手軽な"後払《あとばら》い決済《けっさい》"のワナ

"あとで払えばいい"の積み重ねで大変なことに

クレジットカードは、大人にならないとつくれません。しかし、インターネットのサイトやアプリで、あとからまとめてお金を払う方法で買い物ができるしくみ（後払い決済）があります。電話番号などを登録すると、未成年でも利用することができます。

たとえば、ネットで買い物などをするとき、「後払い」という支《し》払《はら》い方法を選ぶと、お金を払うより前に商品が届《とど》きます。

クレジットカードをつくるときは、きちんとあとから支払える能《のう》力《りょく》があるのかを確《たし》かめる審査《しんさ》があります。しかし、後払い決済には、そのような審査がありません。

そのため、本当はお金がないのに深く考えずに使ってしまったり、気づかないうちに買い物の金額《きんがく》が積み重なって高額になってしまったりするキケンがあります。

後払い決済は、クレジットカードと同じく、魔法《まほう》の支払い方法ではありません。気軽に何でも買ってしまってあとから苦しい思いをするのは、あなたやおうちの人であることを忘《わす》れないでください。

主な後払い決済の流れ

①後払い決済サービスのサイトやアプリに会員登録する

↓

②買いたい商品を選び、支払い方法で「後払い」(「コンビニ支払い」など)を選ぶ

↓

③保護者《ほごしゃ》同意欄《らん》をチェックする

↓

④支払い前に商品が届く

↓

⑤請求書《せいきゅうしょ》が届き、コンビニなどで支払う

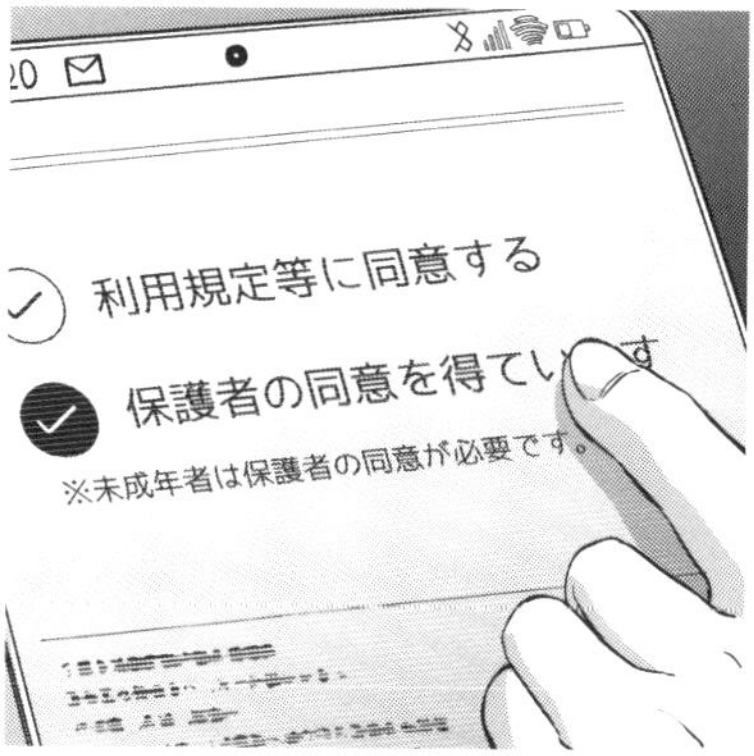
利用規定等に同意する
保護者の同意を得てい
※未成年者は保護者の同意が必要です。

未成年者が後払い決済を利用するときは、保護者が同意しているかどうかをチェックすることが必要な場合がある。

保護者チェックを勝手に押《お》してしまうと、問題が起きても守ってもらえませんよ

ケース 4

課金していたつもりはないのに

アイテムはほしいけどさやっぱりお金かかるじゃん
うちの親そういうのめちゃくちゃきびしくて…
ミナト君はお母さんにお願いして買ってるの？
ふっふっふ
リュウこれには『裏《うら》ワザ』があるんだよ
う、裏ワザ？
誰《だれ》にも言うなよ！友達だから教えるんだからな！
う、うん！

スマホでできる『かんたん払《ばら》い』っていうのはタダみたいなんだよ
すごくね？アイテム無限《むげん》に買えるんだぜ？
やり方教えてやるよ
はぁ〜すごい！
アイテムを購入しました。
受付ID=
OK
最強じゃん…！

これが無料なんてすごい！
親にもバレず買い放題！
すごい裏《うら》ワザ知っちゃった…！
月末ーー
リュウ君ゲームで課金してるでしょう
ドキッ

え？ スマホのかんたん払《ばら》いだよ？
全部タダって聞いたけど…
それは『キャリア決済《けっさい》』っていうしくみよ！
無料なわけないでしょ!!
お母さんは大慌《おおあわ》てでスマホゲームの会社に電話をかけた

どうやら「未成年者取り消し制度」というもので僕《ぼく》の課金をなかったことにしたらしい
現在このアカウントはアクセスを禁止されています。
詳細についての問い合わせは公式サイトの問い合わせフォームから受け付けています。
でもその代わり、あのスマホゲームはもう二度とプレイできなくなってしまった……
俺《おれ》も母ちゃんにしこたま怒《おこ》られたよ
裏《うら》ワザでも何でもなかったね
缶《かん》蹴《け》りしながら帰ろうぜ!
うん!

ココが NG

支《し》払《はら》いのしくみをわかっていなかった

どうして「かんたん」？そのわけをきちんと知ろう

スマホでできる「かんたん払い」を「タダ」「無限《むげん》に買える」と教えられ、信じてしまいました。しかしそれは「キャリア決済《けっさい》」という支払いのしくみの一つです。

無料で始められるゲームでも、あとからお金が必要になる可能性《かのうせい》があります。ゲームのしくみや支払い方法をきちんと理解《りかい》してから始めましょう。

ゲームのアイテムやLINE《ライン》スタンプは、少額《しょうがく》でも、積み重なると高額になることがあります。

こうすればOK

無料で買えるものはないと意識《いしき》する

無料に見えるものこそ注意 課金のときはそのつど確認《かくにん》

基本的に、無料で買えるものはありません。無料に思えても、どこかのタイミングで代金を支払うことになります。

また、クレジットカードやキャリア決済で一度課金をすると、情《じょう》報《ほう》が記録され、その後は手続きが不要になることがあります。気づかないまま課金を続けてしまうことになり、キケンです。お金がかかるはずのものが買えてしまったときは、すぐにおうちの人に確認しましょう。

STEP UP

キャッシュレス決済《けっさい》を知ろう

「電子マネー」で現金《げんきん》を使わずに買い物

「電子マネー」とは、現金の代わりに「データ」で支払《しはら》いができるしくみのこと。IC《アイシー》カードやスマホのアプリなどにお金のデータが記録されていて、それを使うことでスムーズに支払いができます。

　電子マネーは目に見えませんが、現金と同じように大切なものです。「キャッシュレス」とは、現金（キャッシュ）がない（レス）という意味です。手元に現金がなくてもお金のやり取りができ、支払いをすませられます。

キャッシュレス決済は支払いのタイミングが大きく3種類あります。あらかじめお金を払っておき（チャージしておき）、その範囲《はんい》内で買い物をする「前払い」、買い物と同時にお金を支払う「即時払い」、一ヵ月分などの買い物金額《きんがく》をあとでまとめて支払う「後払い」です。

　前払いや即時払いは買い物をする時点でお金が必要ですが、後払いの場合はそのときにお金がなくても使えるので、便利な反面、買いすぎてしまわないように注意が必要です。

支払いのタイミングは大きく3種類

キャッシュレス決済

前払い	即時払い	後払い
買い物の前に支払い	買い物と同時に支払い	あとでまとめて支払い

●プリペイドカード

事前に同じ金額分を購入《こうにゅう》し、その金額内で使えるカード。図書カードやQUO《クオ》カード、ギフトカードなど。

●交通系ICカード

Suica《スイカ》やPASMO《パスモ》など、乗車に利用できるカードやアプリ。買い物にも使える。プリペイドカードの一種。

●流通系ICカード

スーパーなどが発行する、買い物などに利用できるカードやアプリ。ポイントがたまるシステムもある。

●デビットカード

金融《きんゆう》機関が発行するカード。買い物と同時に、預《よ》金口座《きんこうざ》（銀行に預《あず》けてあるお金）から支払われる。

●クレジットカード

1ヵ月分の買い物の金額が後日まとめて、銀行口座から引き落とされる。つくるには審査《しんさ》が必要。

●キャリア決済

携帯《けいたい》電話会社がすすめる支払い方法の一つ。毎月の携帯電話料金と一緒《いっしょ》に請求《せいきゅう》される。

買い物の内容によって、どの方法が便利なのか変わりそうだね

スマホでのキャッシュレス決済《けっさい》の流れ

① キャッシュレス払《ばら》いのアプリを入れる

TJPay

（例）
・PayPay
・楽天ペイ
・d払い

⇩

② 支払いの方法を選択《せんたく》して登録する

● 必要な分のお金（現金《げんきん》）をチャージして、そのつど支払う
● クレジットカードの情報《じょうほう》を登録して、1ヵ月分をまとめて支払う
● 1ヵ月分の買い物の金額《きんがく》をまとめて銀行口座《こうざ》から引き落とす
● 携帯《けいたい》電話の利用料金と一緒《いっしょ》に1ヵ月分まとめて支払う

⇩

③ アプリのバーコードやQR《キューアール》コードをレジにかざす

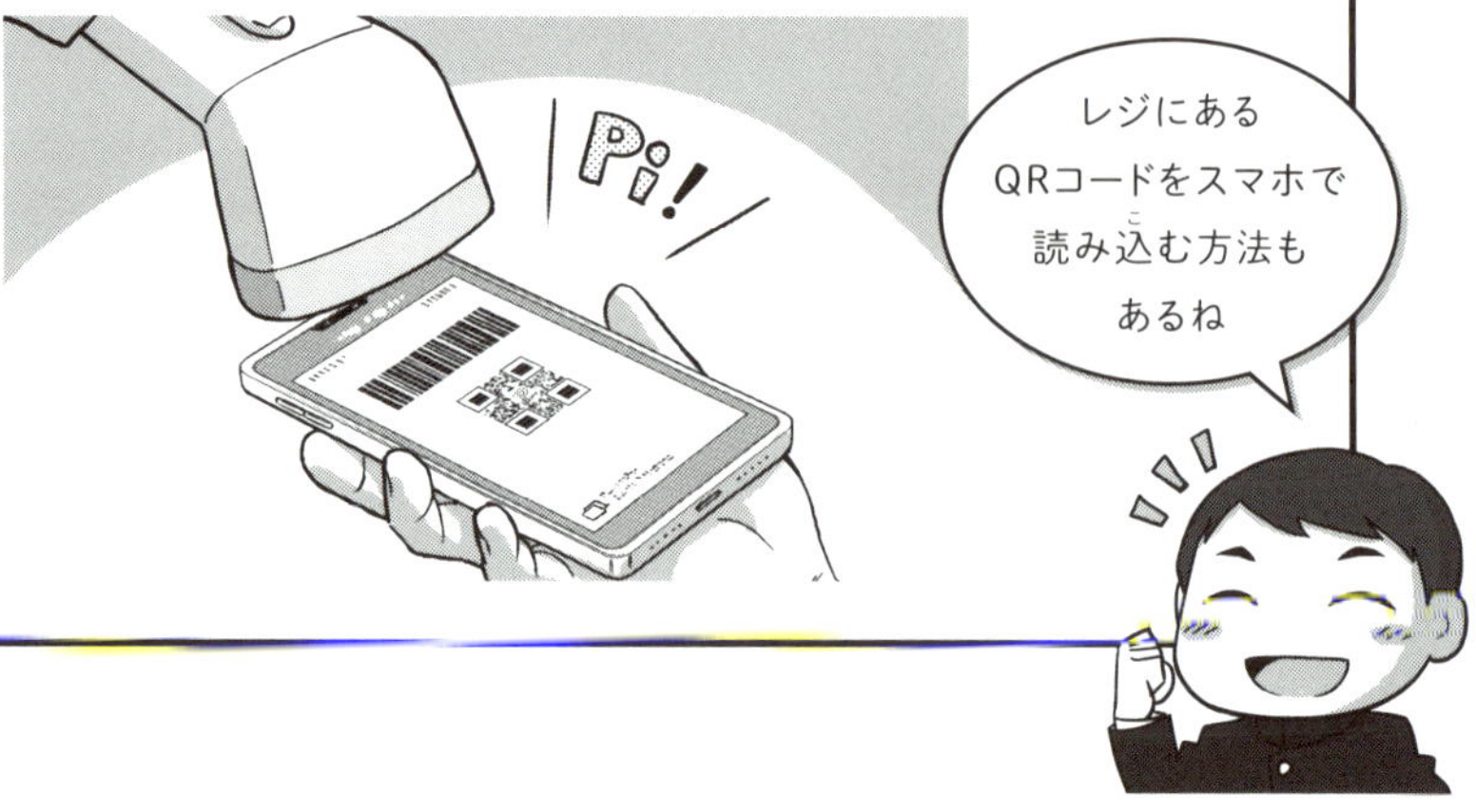
Pi!
レジにある
QRコードをスマホで
読み込《こ》む方法も
あるね

便利でお得《とく》なだけではない キャッシュレス決済の注意点

キャッシュレス決済は、レジで現金をやり取りしません。お財布《さいふ》からお金が減《へ》らないので、いくら使ったのかわからなくなってしまうことがあります。

また、手軽に買い物ができるため、必要でないものをつい買ってしまったり、残額が足りなくなったりすることもあるでしょう。計画的に使うことが大切です。

お店によっては、キャッシュレス決済に対応しておらず、現金しか使えないところもあります。

注意点と、その対策

いくら使ったか わかりにくい

目に見えないお金はつい使いすぎてしまう。何にどのくらい使ったのか、記録しておくとよい。

不正に使われて しまうかも

利用記録は、面倒《めんどう》がらずにチェックする。もし身に覚えのない記録があったら、すぐに相談しよう。

使えない お店がある

キャッシュレス決済をよく利用する場合でも、現金はいくらか持ち歩いておいたほうが安心。

もっと知りたい

「未成年者取り消し制度」って?

子どもが保護者《ほごしゃ》に無断《むだん》で課金などをしてしまったときは、あとからその支払いを取り消せる場合があります。これを「未成年者取り消し制度」といいます。ただし、49ページで解説《かいせつ》した「後払い決済」で、保護者同意の欄《らん》を自分で勝手にチェックしてしまっていたりすると、ウソをついていたことになるので、取り消ししてもらえない可能性《かのうせい》があります。

ステップアップ

STEP UP

便利な「サブスク」に注意！

解約《かいやく》を忘《わす》れるともったいないことに！

「サブスク（サブスクリプション）」は、毎月決まった金額《きんがく》で商品やサービスを使えるしくみ。どれだけ使っても同じお金しかかからないので便利ですが、使わなくても支払《しはら》いが発生するため、逆《ぎゃく》に損《そん》をしてしまうこともあります。

登録後は無料期間があることも多いですが、「毎月○日に支払い」と決まっているので、その日をすぎると自動的に課金されます。支払いのタイミングと解約の方法は登録時に確認《かくにん》しておきましょう。

本当に必要なサービスを選んで使おう

○○し放題型

週間、月間、年間などの単位で、希望の商品を使いたいだけ使えるしくみ。

- 動画配信
- 本やマンガ
- 音楽
- 美容院《びようういん》　など

レンタル型

必要なときに、必要なものを、決まった期間だけ借りられるしくみ。

- 服
- 家具
- おもちゃ
- 車　など

定期便型

一定の期間や、ある決まった時期に、希望する商品が届《とど》けられるしくみ。

- コスメ
- 花
- 肉や食品　など

自分の生活に合う
サービスを使いたいな

もっと知りたい

☑ 買い物は今後どれだけ便利になる?

支払い方法は日々スムーズに、便利に進化しています。将来《しょうらい》は、「顔」がお金代わりになるかもしれません。

たとえば、お店には、買いたい商品と自分の顔を写し取る機械が置かれます。機械は銀行口座《こうざ》と連携《れんけい》して、商品の代金を自動的に支払ってくれます。店のゲートにこのしくみがあれば、レジも待ち時間もいらなくなります。

ケース 5

メッセージ転送でポイントゲット!?

ちょうどいいや！
クラスのみんなに教えてあげよー！
転送転送〜♪
たったったっ
たったったっ
たっ
よしできた！五百円ゲット〜♪
ポイ
ポイ
お風呂はいろ〜
あれ？ポイント増《ふ》えてないぞ？
まいっか！
翌日《よくじつ》ー

おっはよ〜
ジロ…
昨日の何あれ!
私《わたし》もやったけど何も起こらなかったんだけど!
変なの送ってこないでよ!
親に聞いたらイタズラだって言われたよ!
え、え〜〜〜?

ちょっとちょっと！
どうしたのみんな
先生〜〜
うん
うん
それは企業名《きぎょう》を使った
イタズラだったり
みんなの個人情報《じょうほう》を
盗《ぬす》むための詐欺《さぎ》の
可能性《かのうせい》があるね
つまり、
君たちは
だまされたんだよ
お得《とく》だと思って
何も考えず
飛びつくと
痛《いた》い目にあう…
そんな〜〜…
みんなも
気をつけよう！

ココが NG

情報《じょうほう》を確《たし》かめずにメッセージを転送した

「教えてあげよう」軽い気持ちがトラブルのもと

「お得《とく》」な情報を受け取り、クラスのみんなによく考えずに転送しました。ポイントを増《ふ》やしたいという「自分のため」でもありますが、「みんなに教えてあげよう」という優《やさ》しい気持ちもありました。

しかし、情報の出どころがどこなのか、その情報が本当なのかを確かめていません。

その結果、クラスのみんなにウソを教えたことになってしまいました。友達からの信用をなくしてしまうかもしれません。

こうすれば OK

拡《かく》散《さん》させる前にひと呼《こ》吸《きゅう》

その情報は本当？
発信元や正確《せいかく》さをチェック

知らない人からいきなり届《とど》いたメッセージなら、みんな注意すると思います。しかし、友達が送ってきたものならどうですか？ すぐに信じてしまうかもしれません。

でも、その友達も別の人から教えられただけで、もともとは知らない誰《だれ》かが、イタズラや詐欺《さぎ》の目的でつくった、にせ情報の可能性《かのうせい》もあります。

誰から来たメッセージでも、人に教える前にまずひと呼吸。冷静に考えるくせをつけましょう。

ステップ
アップ

STEP UP

チェーンメールの手口

ウソの内容なのにどんどん広がるキケン

チェーンメールとは、「このメールを◯人に送らないと不幸になる」「◯人に転送でポイントゲット」など、ウソの内容を広めようとするものです。

たとえば、友達から受け取ったメッセージを信じて、別の友達3人にだけ転送したとします。その3人がまた別の友達に転送すると、メッセージはどんどん、知らない人にまで広がってしまいます。ただのイタズラならまだしも、詐欺《さぎ》などキケンなものもあります。

チェーンメールの広がり方

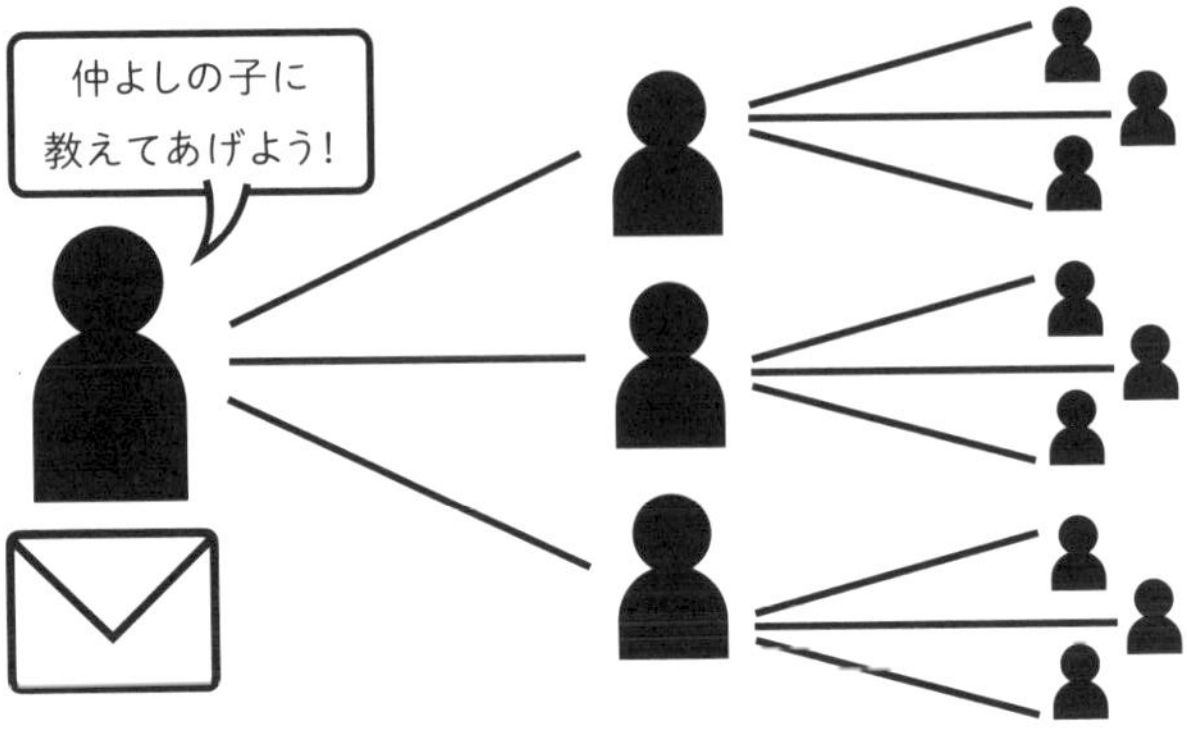
仲よしの子に
教えてあげよう!

いろいろなだまし方にまどわされない!

このメッセージを1時間以内に20人に回してね。

転送しないと、あなたとの友情《ゆうじょう》がなくなります。

人を不安にさせたり、精神的《せいしんてき》に追いつめたりするようなメッセージ。転送しないと不幸になる、けがをする、など恐怖《きょうふ》をあおるものもある。

○○本社では、ただいまチェーンメールの危険性《きけんせい》を検証《けんしょう》するため、このメッセージがどれくらい回るのか調査《ちょうさ》をしています。

20人に転送していただいた方に、謝礼《しゃれい》としてお好きなスタンプをプレゼントします。

実在《じつざい》の企業《きぎょう》やテレビ番組のふりをして、得《とく》した気分にさせるメッセージ。調査のために協力してください、などと書かれていることがある。

○○株式会社です。開業●周年記念キャンペーンに当選されました。おめでとうございます。5万円分の商品券《けん》をお送りするので、以下のURL《ユーアールエル》から住所と名前を入力してください。
http://~~~~~~~~~

さらにこのメッセージを15人に転送すると、追加でポイントもプレゼントします!

キャンペーンの当選メッセージ。当選品送付のため、個人情報《じょうほう》の入力を求める。詐欺サイトにつながることもあるので、気軽にクリックしない。

友達から回ってきた!
ヤバそうだから広めて!

○月△日、●●地方で発生した地震《じしん》の影響《えいきょう》で、□□県の石油工場が爆発《ばくはつ》したそうです。近くの工場で働いている親戚《しんせき》からの情報です。
有害物質《ぶっしつ》が含《ふく》まれた雨が降《ふ》るそうなので、外出をしないでと周りの人に伝えてください。

災害《さいがい》や感染症《かんせんしょう》の流行など、非日常的《ひにちじょう》なことが起こったときはデマが広がりやすい。よかれと思って広めてしまうと混乱《こんらん》をまねくことになる。

STEP UP

ポイントがお金になる？

ポイントをためて お金について学ぶ

ポイントサイトやポイントアプリでは、会員登録をしたり、アンケートに答えたり、動画を見たりすると、ポイントを獲得《かくとく》することができます（ポイ活）。

ポイ活は、スマホやタブレットで、メールアドレスや電話番号などを登録すると始められます。年齢制限《ねんれいせいげん》がある場合は、きちんと守りましょう。

ためたポイントは、商品券《けん》や現金《げんきん》などに交換《こうかん》でき、お金について学ぶよい機会になるでしょう。

ポイントサイト・ポイントアプリのしくみ

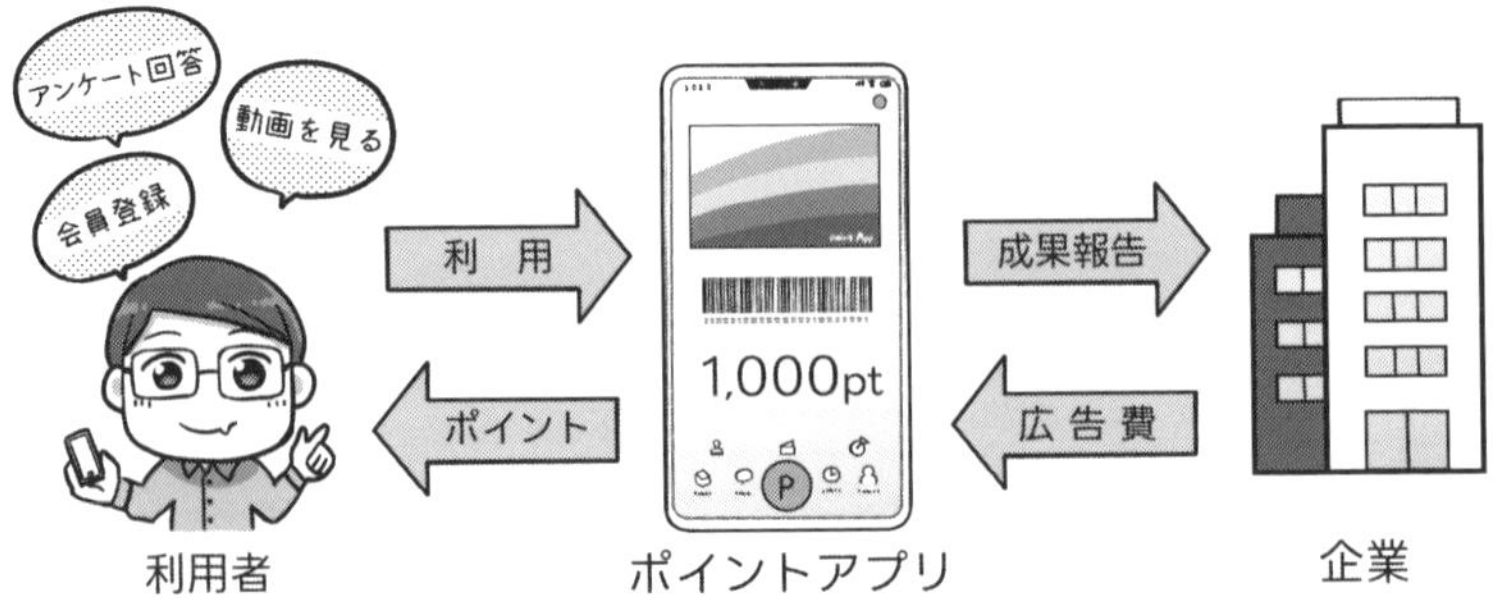

ポイントサイトやポイントアプリは、利用者と企業《きぎょう》の協力で成り立つ。利用者が得《え》るポイントは、広告費《こうこくひ》（商品の宣伝《せんでん》費用）の一部。

やりすぎ注意！
ルールを守って必ず確認《かくにん》を

ポイ活はアプリなどを使って手軽にできますが、ポイ活ばかりに時間を使ってしまうと本来やるべき勉強や遊びができなくなるかもしれません。ポイ活にかける時間や量は、あらかじめルールを決めておきましょう。

また、アプリのインストール、資料請求《しりょうせいきゅう》、会員登録などをするときは、おうちの人に確認を取ります。あとからお金がかかってしまうことなどもあるので、注意が必要です。

ポイ活のデメリット

- スマホやタブレットの使用時間が増《ふ》える。
- ポイントを獲得することが目的になり、時間をムダ使いしやすい。
- サイトやアプリの安全性《せい》が不安。
- 大人向けの内容がふくまれていないか、前もって判断《はんだん》が必要。

ポイ活のよい面と
悪い面を理解《りかい》してから
始めましょう

上手にポイ活をするためのルール

- 一日のポイ活時間を決め、時間を大切に使う。
- 大人向けの内容がふくまれていない、安全なものを選んでもらう。
- ポイント獲得に必要な活動回数を確《たし》かめる。
- 動画視聴《しちょう》は、再生時間を確認してから行う。
- 獲得したポイントの使い道を決めておく。

ケース 6

コンサートのチケットを譲《ゆず》ってほしい

ずっと推《お》してるグループのコンサートのチケット…
E♪RenD
2nd Anniversary Live
3/14・15・16
今回こそは絶対《ぜったい》当選すると思ってたのに……
だぅ〜ー
落ちちゃった〜
こんなときはほかの落ちてる人のSNS《エスエヌエス》をながめて気を落ち着けよう…
きっと私《わたし》の仲間がいるはず…
うっ
うっ

空中分度器@kutyuBNDK
ライブ楽しみだな〜。目が合っちゃったら結婚してしまうかもしんない(*^^^*)
SAORI@推し活E♪RenD@saor_masimasi
【拡散《かくさん》希望】チケット譲ります
E♪RenD活動2周年ライブ in Zepp
2025年 3月14日 A席
急遽《きゅうきょ》行けなくなってしまったので譲《ゆず》ります。
詐欺《さぎ》にあいたくないので先振り込《こ》み可能《かのう》な方を優先《ゆうせん》します。
ドライフラワー@PayKitamu
いーれんのライブ落ちてもうてるやんけ
こ、これは…！
こんなにタイミングよく⁉
は、早く確保《かくほ》しなきゃ！
やりとり中……
ポチ
ポチ
DM《ディーエム》で身分証《みぶんしょう》が送られてきた…
沙 織
令和03年08月21日
2026年(令和08年)09月01日まで有効
眼鏡等
優良
852050166794 号
運転免許証
詐欺《さぎ》だったらこんなことしないよね
うん、きっと大丈夫！

こっちの身分証《みぶんしょう》も
送って、と…
パシャ
あとは
チケット代
7000円を
振《ふ》り込《こ》めば、
それで
コンサートに
行ける！
E♪RenD
2nd Anniversary Live
3/14・15・16
待っててねっ！
つくし銀行
ATM
〜♪
次の日──
振り込みましたよ、と
たたたっ
推《お》しのライブ、
楽しみだなぁ…！
しかし数日経《た》っても、
相手から連絡《れんらく》が来る
ことはありませんでした……

あ、アカウントが消えてる…！
このアカウントは存在しません。
そ、そんな！
じゃあチケットは！
7000円は!?
人の欲望《よくぼう》につけ入る詐欺行為《さぎこうい》はたくさんあります
ボーゼン…
「うまい話」には十分気をつけましょう
私《わたし》の推《お》し〜〜

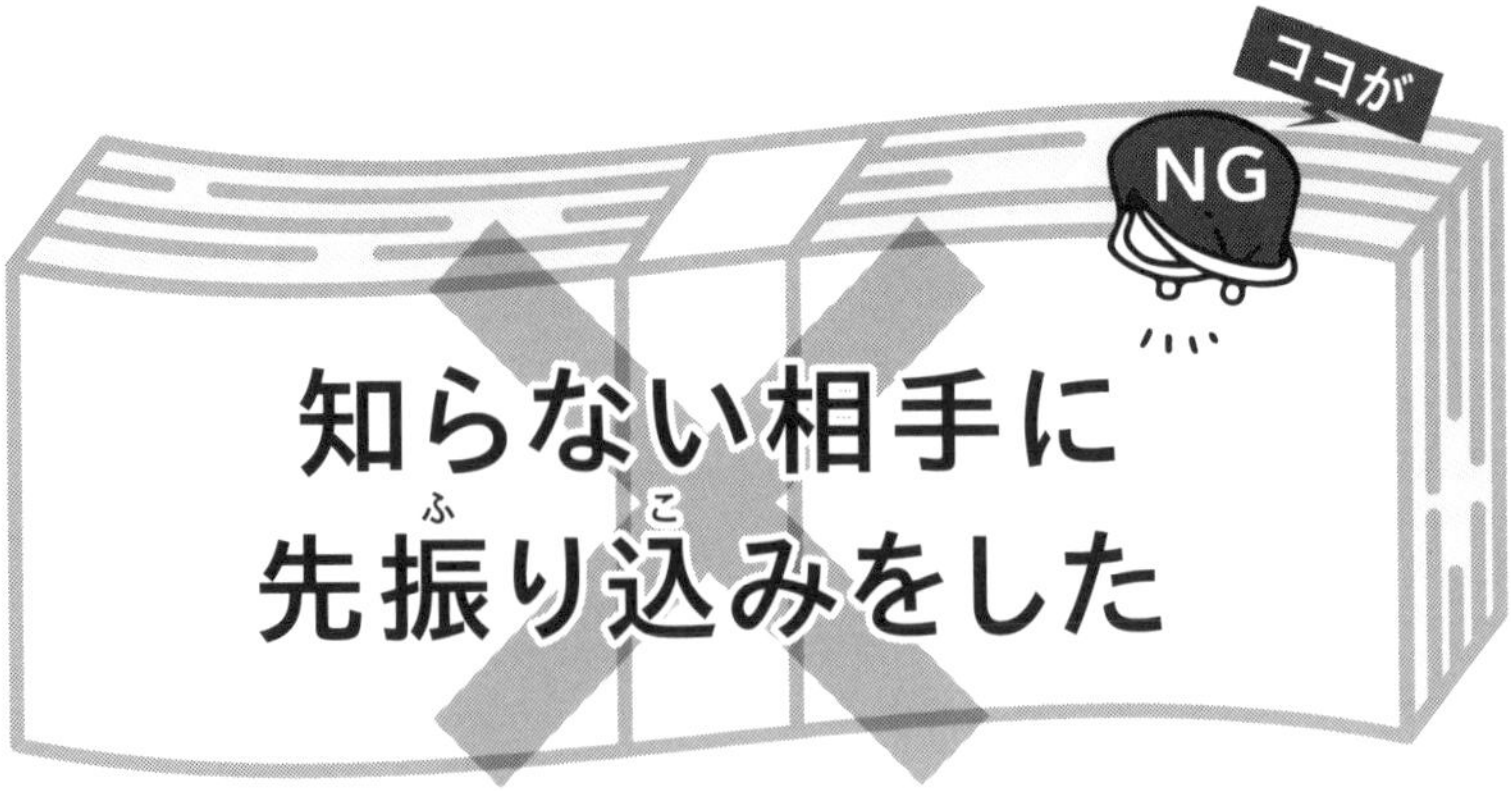

知らない相手に先振《ふ》り込《こ》みをした

身分証《みぶんしょう》は本物？振り込みはあせらないで！

身分証が送られてきたとき、「詐欺《さぎ》だったらこんなことしない」と簡単《かんたん》に信じてしまいました。でも、送られてきた身分証は、本当に本物でしょうか。相手はチケット詐欺の常習犯《じょうしゅうはん》で、このようなやり取りのなかで得《え》た他人の身分証を使っている可能性《かのうせい》もあります。

また、チケットを送る前に代金を振り込むよう急《せ》かしてくるのはよくある詐欺のパターンです。お金を払《はら》った途端《とたん》、連絡《れんらく》が取れなくなります。

こうすれば OK

正しいルートから購入《こうにゅう》する

公式に認《みと》められた方法で正しく応援《おうえん》しよう

落選は悲しいですが、一度抽選《ちゅうせん》で外れても、一般《いっぱん》発売や、公式のリセール制度（行けなくなった人のチケットを再度《さいど》売る制度）があったり、当日券《けん》が発売されたりすることがあります。正しい方法でチャレンジしましょう。

正しくないルートでチケットを買うことは、トラブルのもと。高《こう》額《がく》転売は、「チケット不正転売禁止《きんし》法」で禁止された犯罪行為《はんざいこうい》です。どうしてもチケットが取れないときは、あきらめることも大切です。

ステップアップ

STEP UP

詐欺《さぎ》に だまされないために

情報《じょうほう》を疑《うたが》うくせをつけて、自分の身を守ろう

詐欺は、大人だけでなく、子どもが狙《ねら》われることもあります。だまされないためには、ネットリテラシー（インターネットの情報を正しく判断《はんだん》して活用する力）を学び、自分の身を守ることが大切です。

SNS《エスエヌエス》などで得《え》た情報は、出どころや真意をきちんと確《たし》かめます。たとえば、「お得《とく》に限定《げんてい》品が買える」というような投稿《とうこう》に対して「それ本当？」と疑うくせをつけましょう。立ち止まって考えることが、トラブル回避《かいひ》につながります。

詐欺の種類はさまざま

●フィッシング詐欺

有名企業《きぎょう》のふりをして、にせのメールなどを送る。にせサイトに誘導《ゆうどう》し、個人情報やクレジットカード情報をぬすみ取る。

●値下げ詐欺

ネットでブランド品を安く売り出し、お得に買えると思わせて、にせものを送りつけたり、お金だけ払《はら》わせて逃《に》げたりする。

●フリマ詐欺

売るつもりのない商品を出品し、購入《こうにゅう》者がいても発送しなかったり、にせものを送ったりして、代金をうばう。

●ロマンス詐欺

SNSやアプリで出会った人と恋愛《れんあい》関係をよそおう。恋心《こいごころ》を利用して、結婚資《けっこんし》金《きん》などと言ってお金を振《ふ》り込《こ》ませたり、プレゼントをさせたりする。

●投資詐欺

「必ずもうかるしくみがある」などと強引に勧誘《かんゆう》し、お金を預《あず》けさせる。勧誘してきた人と連絡《れんらく》が取れなくなり、お金をうばわれてしまう。

一発で
もうかるしくみなんて、
ありませんよ

もっと知りたい

☑ 親に言いづらい相談はどうしたらいい?

インターネットでは、相手をだまそうとする手口がたくみになり、詐欺被害《ひがい》も増《ふ》えています。

もし詐欺にあったり、不安に思うことがあったら、おうちの人や学校に相談するのがのぞましいですが、言いづらいこともあるかもしれません。そんなときは、電話で「188」を押すと「消費者《しょうひしゃ》ホットライン」という場所につながります。地域の担当者が、相談に乗ってくれます。一人でなやみを抱《かか》え込まないようにしてください。

ケース 7

ネットオークションで大損《おおぞん》!

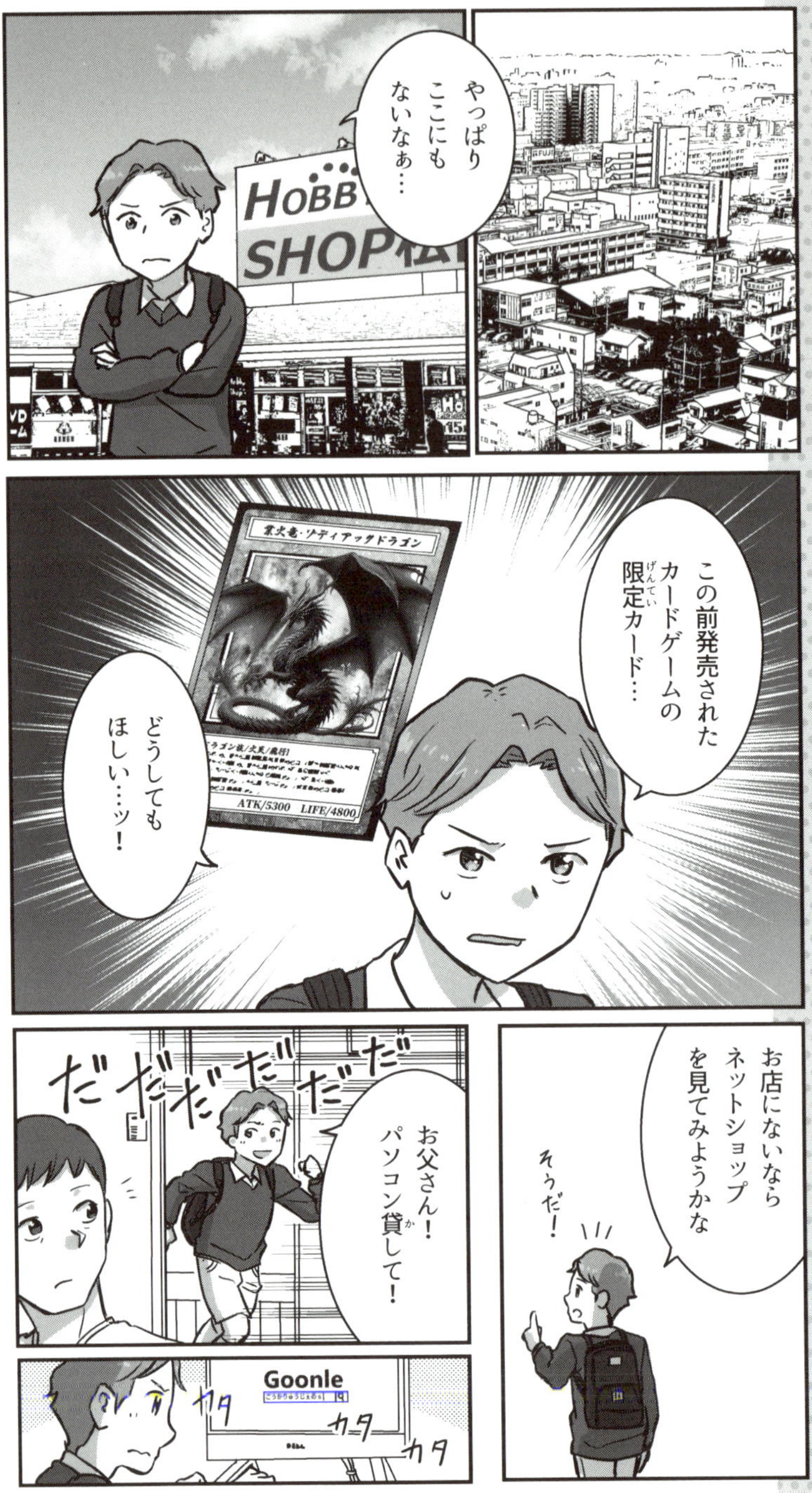

【限定】業火竜ゾディアックドラゴン
現在 未入札
送料 無料
入札
オークション初めての方はログインすると
1,000円で落札のチャンス！
ログインする
業火竜・ゾディアックドラゴン
ATK/5300 LIFE/4800
※ この商品は送料無料で出品されています。
この商品も注目されています
ん…？
ネットオークション？
んーと…
…よくわからないけど、この『入札』ボタンを押《お》せばいいのかな…？
限定】業火竜ゾディアックドラゴン
入札を受け付けました。あなたが現在の最高額入札者です。
商品をウォッチリストに登録しました。
ウォッチリストを確認する
金額《きんがく》を入力して…
こ、これで買えたのかな？
【美品/希少】
女剣士カムイ
現在 1円
な〜んだ！簡単《かんたん》だしめちゃくちゃ安く手に入っちゃった！
キンチョーして損した〜
ポロン
高値更新されました
えっと…これは…

この人より高い金額《きんがく》を入力すればいいのか
なるほど、だんだんわかってきたぞ…！
ポロン。
わっ！この人また僕《ぼく》より高い金額で入札してる！
ぐぬぬ…！ここであきらめるのは何かくやしい…！
にゅ、入札だ…！

わあ～！
またやられた！
くそ～～
負けるもんか！
早く
寝なさい
よ～
ぐぬぬ…
おめでとうございます!! あなたが落札しました。
出品者から取引に必要な情報が提示されています。あなたから取引を開始しましょう。
落札額 ¥70,000
取引ナビ
ポロン♪

!
おめでとうございます!! あなたが落札しました。
出品者から取引に必要な情報が提示されています。あなたから取引を開始しましょう。
落札額　¥70,000
取引ナビ
取引ナビ使い方ガイド
これで限定《げんてい》カードは僕《ぼく》のもの！
ネットオークションっておもしろいじゃん！
やったー
でも落札金額《きんがく》が思ってたよりかなり高くなっちゃった…
このお金ってどうやって払《はら》うんだろう…
数日後——
宅配《たくはい》でーす

ヨレ ヨレ
シワ シワ
業火竜・ゾディアックドラゴン
ATK/5300 LIFE/4800
よごれてるし
なんか折れてるし…
…僕がほしかったのは
本当にこれだったのかな…
こらー！
勝手にネット
オークション
で買い物した
だろう！
7万円もー！
なっ！
パパ!?
ついつい
白熱してしまう
ネットオークション
お金をかける
べきかどうか
ちゃんと
見極《みきわ》めましょう
えーーん

ココが NG

ムキになって落札しようとした

競争で興奮《こうふん》しやすいネットオークション

競争がはげしいネットオークションは、興奮しやすいものです。しくみをよく理解《りかい》しないまま入札をくり返し、登録されていた父親のクレジットカードで自動的に支《し》払《はら》いを完了《かんりょう》してしまいました。届《とど》いた商品には、よごれや折れがありました。写真では、くわしい状態《じょうたい》がわからなかったのです。

個人間《こじんかん》のやり取りなので、未成年者が保護者《ほごしゃ》の同意なしに落札した場合でも、契約《けいやく》の取り消しができない可能性《かのうせい》があります。

こうすれば OK

本当にほしいのか冷静に考える

ほかにほしいものはない？ こんなにお金をかけるべき？

「ほかの入札者に負けたくない」「ここであきらめたらくやしい」という気持ちが、「ほしい」という気持ちを上回っていないか？ ほかにほしいものはないのか？ よく考えましょう。

　ネットオークションだけではありません。たとえば、UFO《ユーフォー》キャッチャーやガチャガチャなども、一度始めると取れるまでムキになりがち。でもいざ取れたら、何でこんなにお金をかけてしまったんだと後悔《こうかい》したりするものです。

STEP UP

ネットで上手に買い物をするには

お店に行かずに買い物 便利さと注意点

ネットショッピングの代表的なものが、通信販売《はんばい》（ネット通販《つうはん》）です。Amazon《アマゾン》などのネット上のショップのほか、スーパーや電器店など、実在《じつざい》のお店のネットサービスがあります。また、ネット上のオークションやフリマは、個人《こじん》が中古品や入手がむずかしい品などを売買《ばいばい》できます。

ネットショップでは、売る人と買う人が顔を合わせません。そのため、商品の見極《みきわ》めから受け取りまで、細心の注意が必要です。

ネットで買い物をする方法

ネット通販

インターネットを通して商品などを買い、配達してもらえる。オンラインショッピングともいう。

例

- Amazon
- 楽天市場
- ZOZOTOWN

など

ネットオークション

インターネット上の競《せ》り。ある商品を買いたい人が、値段《ねだん》をつけ合う。最高額《がく》をつけた人が購入《こうにゅう》できる。

例

- Yahoo!オークション（ヤフオク）
- モバオク　など

ネットフリマ

インターネット上で、個人間で商品を売買するしくみ。ネットフリーマーケットの略《りゃく》。

例

- メルカリ
- Yahoo!フリマ
- 楽天フリマ

など

ネットでよくある買い物のトラブル

●お試し価格《かかく》につられて高額請求《せいきゅう》

気軽に契約《けいやく》してもらうために、最初の月だけ無料や格安《かくやす》で利用できるしくみになっているが、説明をよく読むと、最初の月は無料だが半年間契約を解除《かいじょ》できず、2ヵ月目からは高額な支払《しはら》いが発生する規約《きやく》になっていたりすることがある。

●注文した商品が送られてこない

ネットショップの中には、代金を支払ったのに商品を届《とど》けてくれなかったり、連《れん》絡《らく》がつかなくなったりする悪い業者もいる。公式サイトではないものもふくまれているので、注文する前に販売元や発送元を確認《かくにん》することが大切。

●届いた商品がイメージとちがう

ネットショップでは、商品を手に取って見たり、ためしたりすることができないので、写真や説明だけで注文するかどうか決める。そのため、商品が届いてから、イメージとちがうと感じたり、サイズが合わなかったりすることがある。

★買ったものでトラブルや困《こま》ったことがあったら…

「消費者《しょうひしゃ》ホットライン」

188

専門《せんもん》の相談員が、手助けをしてくれる。販売元との話し合いができない場合などに頼《たよ》りになる。

＼もっと知りたい／

☑「クーリング・オフ」で返品できる？

クーリング・オフとは、一定の期間内であれば契約を取り消せる（返品できる）制度です。たとえば、訪問販売や家庭教師・学習塾《じゅく》などは、申し込《こ》み後8日以内であれば、契約が取り消せます。しかし、通信販売では、基本《きほん》的にクーリング・オフができません。サイトの規約《きやく》によっては返品が可能《かのう》なことがありますが、送料が発生したりします。クーリング・オフの対象《たいしょう》かどうか、または手続きの方法がわからないときなどは、「消費者ホットライン（188）」に相談しましょう。

ケース
8

家のものを勝手に売ったら

最近フリマアプリにハマっている
パシャ
売ってお金になるのが楽しくてついつい家にある服をいろいろと売ってしまう
サイズが合わなくなった古着
もう着ることのない昔のアニメTシャツ
買ったけど何となく着ない服
いらないものをお金にするのって最高に楽しい!
HARI
ハルキ! また服を勝手にフリマアプリで売ったの!?
あの服はいとこにあげようって思ってたのに
それにこの前おばあちゃんがプレゼントしてくれた服も売ったわよね
どうしてそんなことするの!?

あの服
ダサかった
んだよ
いいじゃん
別に
俺《おれ》のものなんだから
俺の自由にしたって
いいじゃん
何が悪いの？
ガサ ガサ
ゴソ ゴソ
何か
売れるものは
ないかな〜？
小さい子ども用の
服が一着だけ
あるな
こんなもの
いらないよな
売っちゃお〜♪

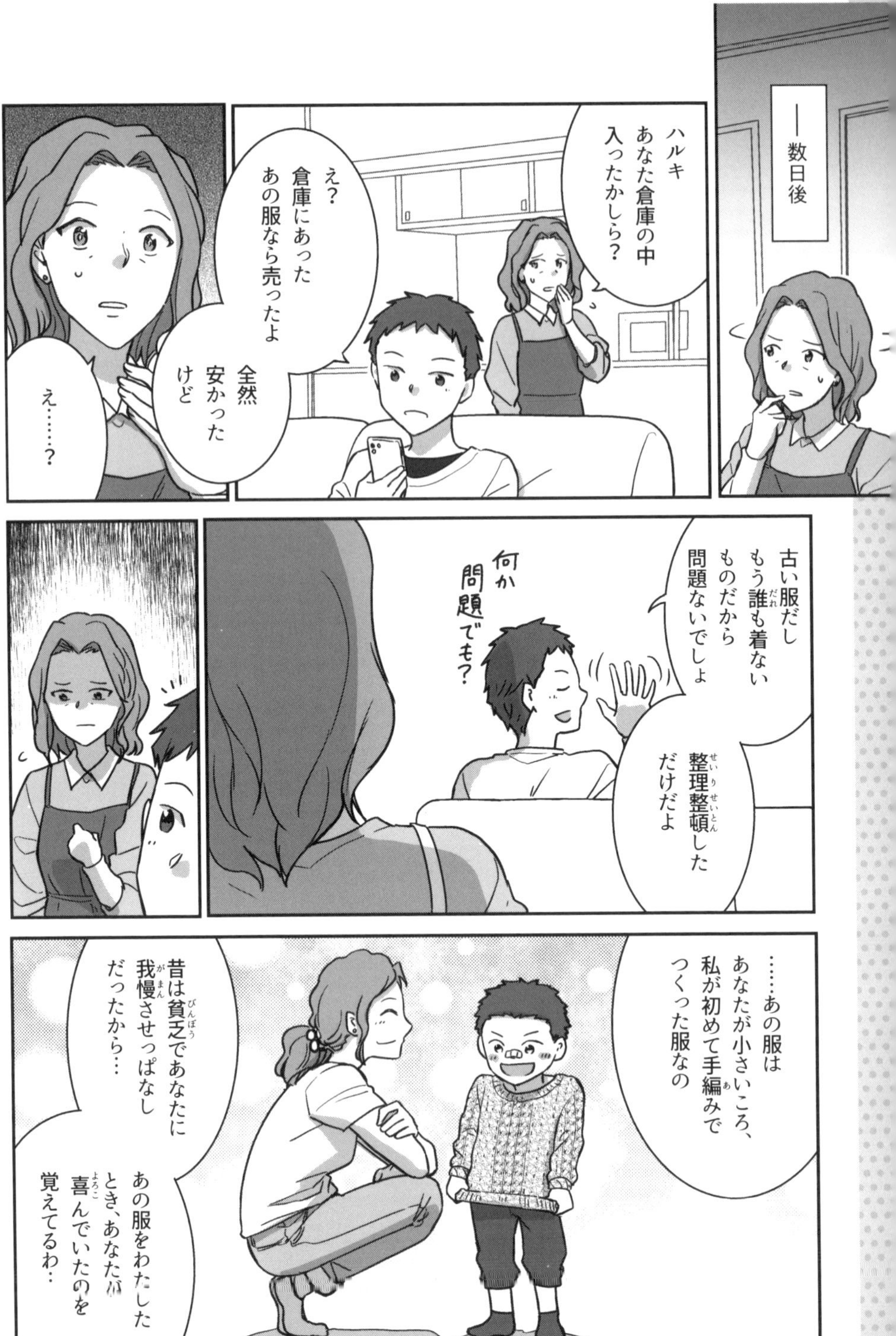
──数日後
ハルキ
あなた倉庫の中
入ったかしら？
え？
倉庫にあった
あの服なら売ったよ
全然
安かった
けど
え……？
古い服だし
もう誰《だれ》も着ない
ものだから
問題ないでしょ
整理整頓《せいりせいとん》した
だけだよ
何か
問題でも？
……あの服は
あなたが小さいころ、
私が初めて手編《あ》みで
つくった服なの
昔は貧乏《びんぼう》であなたに
我慢《がまん》させっぱなし
だったから…
あの服をわたした
とき、あなたが
喜《よろこ》んでいたのを
覚えてるわ…

思い入れがあって残しておいたのに……
どうしてあなたは何でもかんでも売ってしまうの……
………
ものの価値《かち》は人それぞれ
お金にかえられない、目に見えない価値を考えることも時には必要なのです

軽い気持ちで何でも お金に変えようとした

何でも売っていいの？ ものや人の気持ちを大切に

「こんなものいらない」と、勝手に服を売ってしまいました。「ものの価値《かち》は人それぞれ」ですが、人の気持ちを軽く考えています。

今回のケースでは、手づくりの思い出の品を売ったことで母親をきずつけてしまいましたが、とても高価なものを勝手に安値《やすね》で売ってしまった、というケースもあります。

目先のおこづかいかせぎのせいで、本当に大切なものを失わないでください。

こうすればOK

出品するものを自分だけで判断《はんだん》しない

おうちのお金ルールでものやお金の価値を学ぶ

　ネットフリマなどでいらないものを売ることは決して悪いことではないですし、ものやお金の大切さを学べて、よいことがたくさんあります。ただし、本当に売っていいものなのか？　ほかの人のものや、プレゼントの場合は特に慎《しん》重《ちょう》に考えましょう。

　ネットフリマなどを使うときには、おうちの人と使い方を確認《かくにん》し、家でのルールを決めます。中には出品が禁止《きんし》されているものもあるため、品物は相談して選びます。

STEP UP

転売ってダメなこと?

大量な買いしめが悪質《あくしつ》な転売につながる

転売とは、買ったものをほかの人に売ることです。すべての転売が悪いことではありませんが、中には悪質《あくしつ》な転売もあります。不要品をネットフリマで正しく売ることと、悪質な転売には、どんなちがいがあるでしょうか。

たとえば、おもちゃを売る店は、仕入れた値段《ねだん》と売った値段の差でもうけを出します。このしくみでは、安く仕入れて高く売れば、たくさんもうけが出ます。

悪質な転売とは、ある商品を大量に買いしめ、それを高い値段で売ったりすること。買いしめされると、ほしい人が買えなくなります。どうしてもほしい人が高い値段で転売されているものを買うと、悪質な転売ヤー（転売をする人）が得《とく》をしてしまいます。

店で品薄《しなうす》の状態《じょうたい》が続くと、企《き》業《ぎょう》は、ほしい人が手に入れられるようにするため、大量に生産します。しかし、それが店にならぶころには、ほしい人の数が減《へ》り、売れ残ることがあります。これでは、せっかくつくってくれた企業が損《そん》をしてしまうのです。

悪質な転売が与《あた》える影響《えいきょう》

買いしめ

ほしい人が
買えなくなる

品薄にさせ
価格《かかく》を上げて
売る

お客さんの
不満が爆発《ばくはつ》

企業のイメージ
が悪化

新しい商品がつくられにくくなるかも…

もっと知りたい

転売でつかまることはある?

悪質な転売は、よくないことですが、禁止《きんし》する法律《ほうりつ》はありません。ただし、転売そのものが禁止され、罪《つみ》になるものもあります。たとえば、チケットの高額《こうがく》転売は、犯罪行為《はんざいこうい》です。「チケット不正転売禁止法」により、懲役《ちょうえき》もしくは罰金《ばっきん》が科《か》せられます。高額転売は転売人がもうかるだけで、アーティストの利益《りえき》になりません。

ネットフリマの使い方

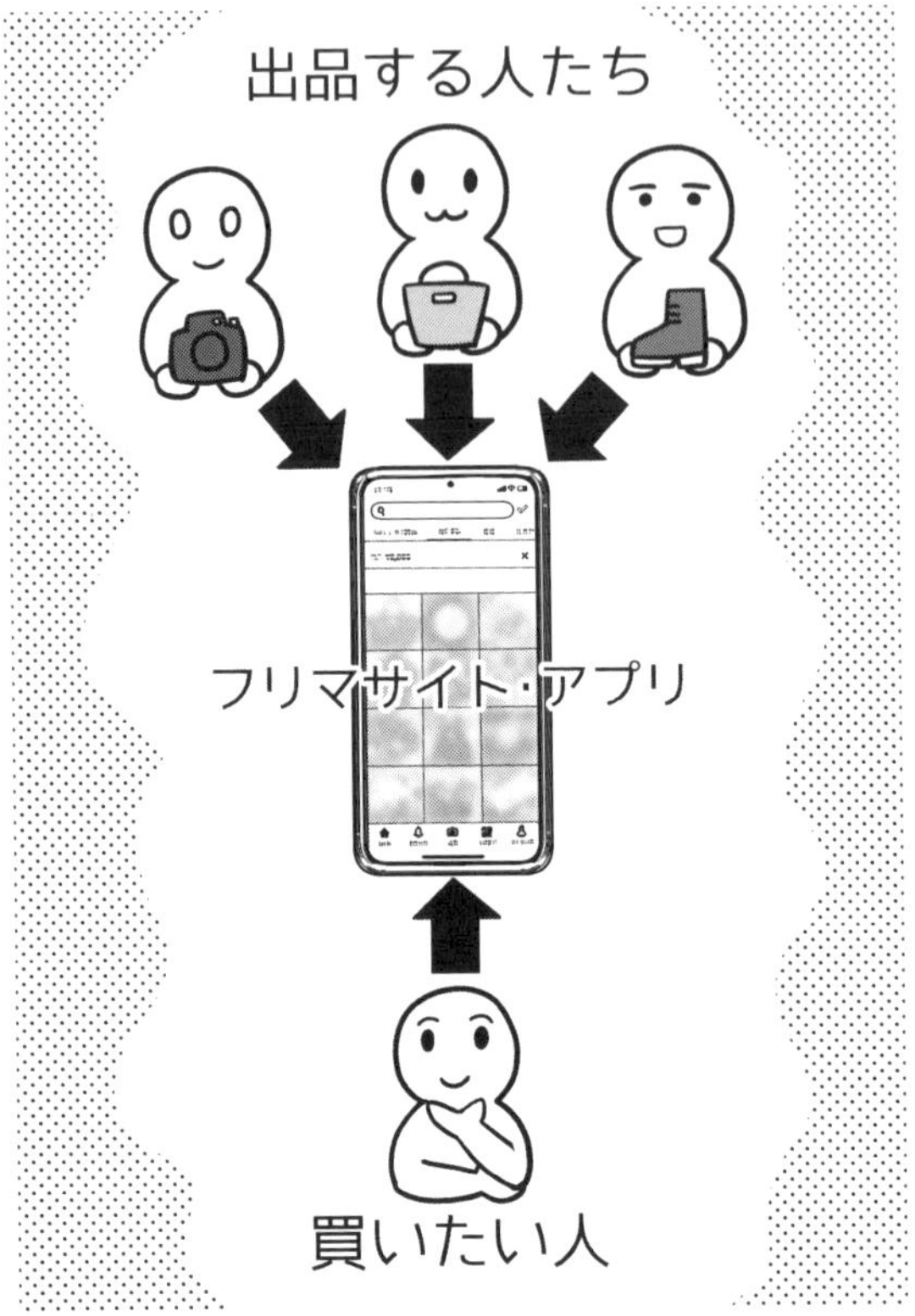

不要品や
中古品を
出品

おもちゃ・ゲーム・本・マンガ・ブランド品など、さまざまな商品がそろう。対象《たいしょう》は、子どもから大人まではば広い。

ほしい
品物を検索《けんさく》
してさがす

主なネットフリマ利用の流れ

〈買うとき〉

1 キーワードで検索してほしい品物をさがす。

2 ほしい品物が見つかったら、「購入《こうにゅう》手続きへ」をタップする。

3 支払い方法と届《とど》け先の住所を指定し、購入する。

〈売るとき〉

1 売りたいものの写真を撮《さつ》影《えい》する。

2 写真と品物の説明を登録する。

3 価格《かかく》を決め、出品する。

ネットフリマのよくあるトラブル

1 写真や説明とちがう商品が届く

サイズや色などが明らかにちがう、よごれ・こわれなど、説明とちがうものがあるときは、出品者に連絡《れんらく》する。サイト側が対応してくれることもあるが、個人間《こじんかん》のやり取りなのでむずかしいことも多い。

2 にせもののブランド品が届く

ブランド品を買ったはずだったのに、にせものが届くトラブル。ブランド品が本物かどうか見分けるには細かい部分を見る必要があるので、写真や説明だけではわからないこともある。

3 受け取り評価《ひょうか》をしてもらえない

買った側が商品を受け取り後に「受け取り評価」を行わなければ取引が完了《かんりょう》しないシステムの場合、受け取り評価をしてもらえないとお金が支払《しはら》われない（一定期間経過《けいか》後は自動的に完了する）。

4 値《ね》下《さ》げ交渉《こうしょう》成立後に横取り

ネットフリマでは出品者に値下げ交渉をできるが、購入の予約ができないシステムの場合、交渉成立後にほかの人に買われてしまうことがある。違反《いはん》ではないが、トラブルになったりする。

5 返品詐《さ》欺《ぎ》

届いた商品に不具合があれば返品できるが、これを利用した詐欺もある。“こわれていたので返品したいと言われて応《おう》じたところ、中身を抜かれた空箱だけ返品された”、“ブランド品を送ったのににせものが返品された”など。返品手続きをしてしまっているのでお金は支払われず、品物だけぬすまれてしまう。

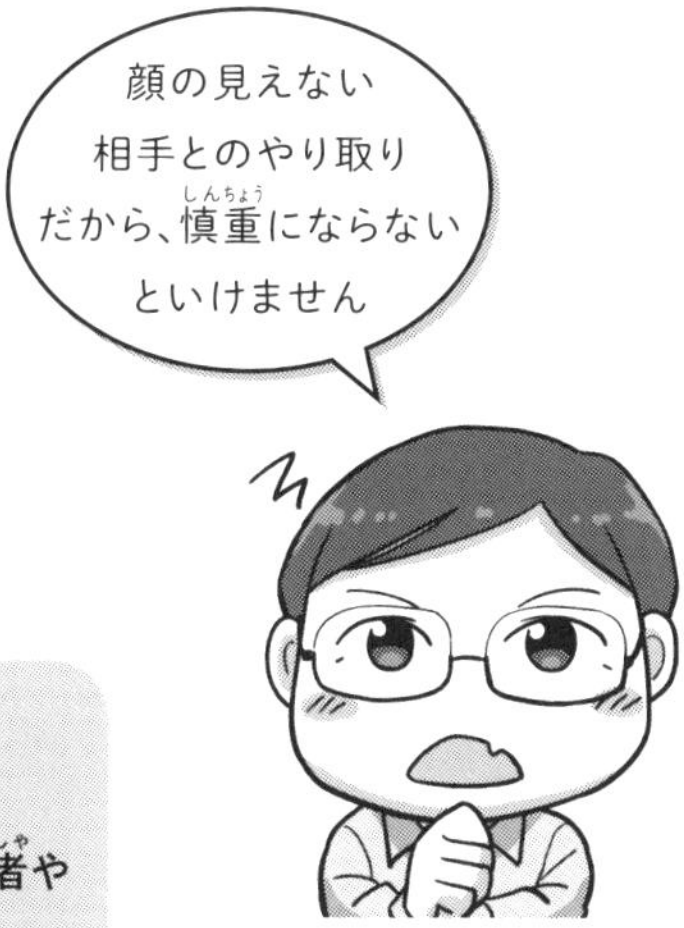
顔の見えない
相手とのやり取り
だから、慎重《しんちょう》にならない
といけません

⚠ 出品するときはすみずみまで写真を撮《と》っておきましょう。

⚠ 自分だけで解決《かいけつ》しようとせず、保護者《ほごしゃ》やアプリ運営会社に相談しましょう。

ケース
9

「簡単《かんたん》にもうかるバイト」に応募《おうぼ》したら

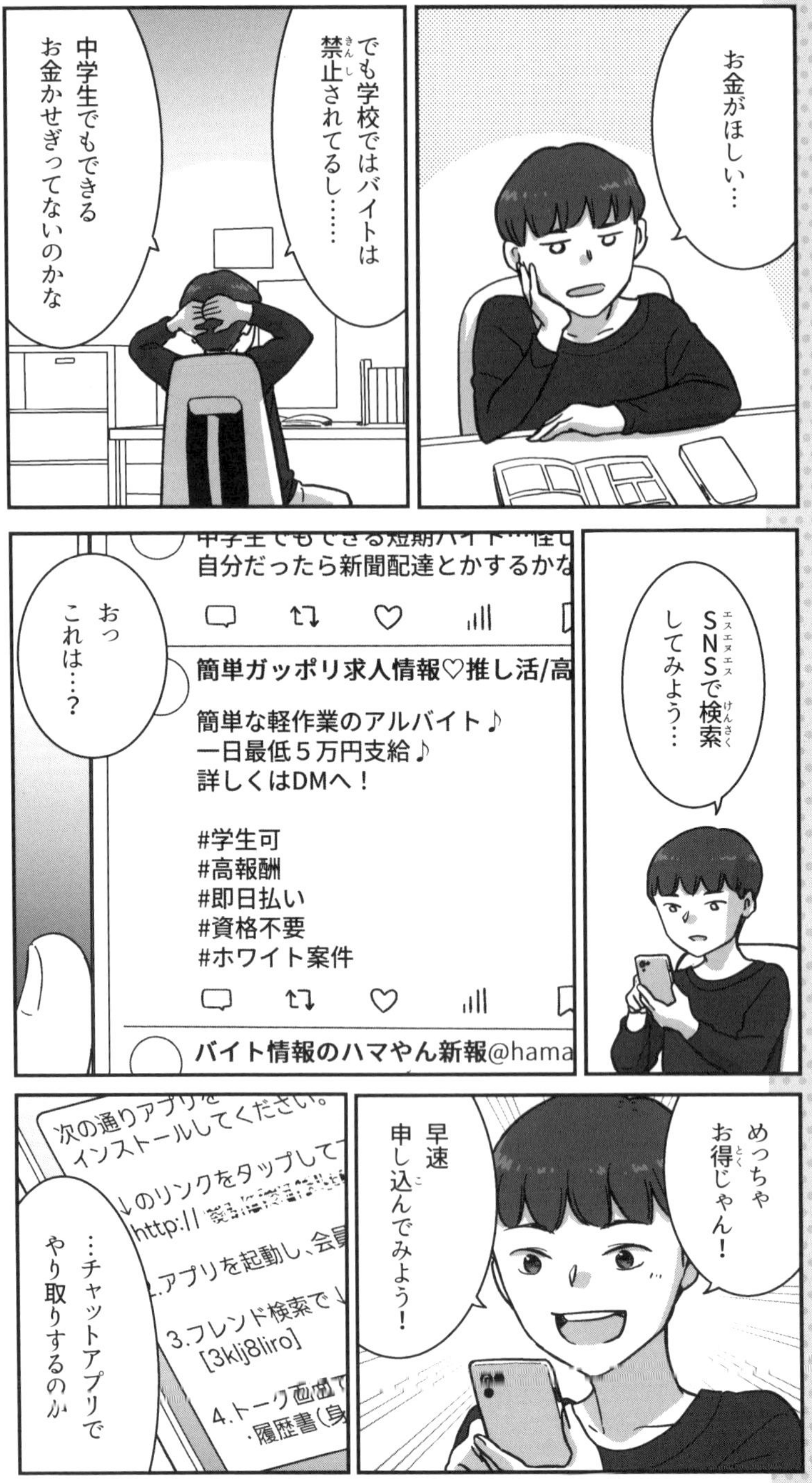

履歴書《りれきしょ》の代わりに
身分証《みぶんしょう》でいいの？
パシャー
じゃあ
マイナンバーカード
とかでいいかな
ふむふむ
必要なもの、ね
16:47
向井@お仕事情報
次のものを購入しておいて
・動きやすい服装
・リュックもしくはカバン
・軍手
・ハンマー（またはバール）
工事現場《げんば》で何か
作業するのかな？
ホームセンター
ヨシダ
YOSHIDA
ーアルバイト当日
よ〜し
バイト初日
がんばるぞ〜
林田ユウキ君
だね？
車に乗りな

ギョッ
君、何歳《なんさい》？もしかして学生…？
…はい、中学3年で……
……あ、そう
あ、あの どこに行くんですか？
どこの工事現場《げんば》なんです？

君、もしかして…
これが何をするバイトなのか知らないの？
…え？
ピロン♪
新着メッセージ
あなたにはこれから行く家に侵入《しんにゅう》し金品を取ってくる仕事をしてもらいます。
くわしくは現場責任者《げんばせきにんしゃ》の指示《しじ》に従《したが》ってください。
報酬《ほうしゅう》は後日こちらから詳細《しょうさい》をお送りします。
こ、これって…
犯罪《はんざい》…！
ご、ごめんなさい！降《お》ります！降ろしてください！
ダメだよ林田君

君の名前も
住所も俺《おれ》ら
知ってるんだよね
家族に
何かあってもいいの？
じゃあ
裏口《うらぐち》に
回ります
音立てるなよ
ドッ
ドッ
人がいたら
3分以内に
拘束《こうそく》しろ
ドッ
ドッ
ユウキ君
行くぞ
ドッ
ドッ

「おいしい話」には必ず裏があります

思わぬ犯罪《はんざい》に巻《ま》き込《こ》まれないよう気をつけましょう

ココが NG

SNS《エスエヌエス》で個人情報《じょうほう》を教えてしまった

SNSで個人情報は送らない

SNSでアルバイトをさがし、気軽に身分証《みぶんしょう》を送ってしまいました。その結果、いつの間《ま》にか犯罪《はんざい》グループに加わっていました。

SNSで、気軽にアルバイトに応募《おうぼ》するのはキケンです。「簡単《かんたん》高収入《こうしゅうにゅう》」などとうたい、犯罪の手伝いをさせる「闇《やみ》バイト」というものがあるからです。実際《じっさい》に、多くの事件《じけん》が起きています。知らなかった、だまされていただけ、というのは通用しません。犯罪に加担《かたん》したら、警察《けいさつ》につかまります。

こうすれば OK

「楽にかせげるおいしい話」などないと理解《りかい》する

「〇〇だけで簡単高収入」要注意ワードを知る

中学生に高額《こうがく》なバイト代を支払《しはら》う仕事というだけでとてもあやしいですが、ＳＮＳには、ふつうの仕事に見せかけた闇バイトの募集が投稿《とうこう》されています。「ダンボールを運ぶだけで一日５万円」など、おいしい話だと見せかけて、違法《いほう》な薬物などを運ばせたりします。

一度でも犯罪に加担してしまったら、ぬけ出したくてもできなくなります。要注意ワード（１１２ページ）を知り、おいしい話に飛びつくのはやめましょう。

STEP UP

大人もだまされる 闇《やみ》バイトのワナ

バイト応募《おうぼ》が取り返しのつかない後悔《こうかい》につながる

闇バイトの勧誘《かんゆう》は、犯行《はんこう》グループのたくみなワナで始まります。初めは安全な仕事に思えても、そこは犯罪《はんざい》の入り口なのです。

犯罪だと気づいても断《ことわ》れず、「一回だけなら」と、しかたなく指示《しじ》に従《したが》ってしまうかもしれません。しかし一度犯行グループとつながると、おどされたりして簡《かん》単《たん》にはぬけ出せず、何度も犯罪を重ねることになってしまいます。中には、闇バイトで得《え》たお金を犯行グループに取り上げられ、まったく報酬《ほうしゅう》を得られなかった例もあります。グループにとって、応募者はお金を得るための便利なコマなのです。

警察《けいさつ》につかまると、すぐに元の生活にはもどれません。犯《おか》した罪《つみ》が、被害者《ひがいしゃ》や自分自身の家族をきずつけ、取り返しのつかない後悔をすることになります。

もし、あやしいバイトに応募してしまったり、不安を感じたりしたときは、絶対《ぜったい》に一人でなやまず、身近な大人や警察、専用《せんよう》の窓口《まどぐち》（113ページ）に相談してください。

闇バイトへ誘導《ゆうどう》する手口

1 仕事に応募

● SNS《エスエヌエス》で検索《けんさく》

SNSでアルバイトを検索し、簡単な仕事、初心者歓迎《かんげい》、履歴書《りれきしょ》不要といった気軽さにだまされて、自ら応募してしまう。

● メッセージが届《とど》く

SNSに「お金をかせぎたい」「仕事をさがしている」などの書き込《こ》みをすると、かせげる仕事を紹介《しょうかい》するメッセージが届く。

● 友人・先輩《せんぱい》から紹介

知人にさそわれて、仲間に加わる。犯罪であるとわかっても、関係上断れず、強制《きょうせい》的に実行役をまかされることがある。

2 “仕事”先の人とやり取り

多くの場合、応募者と犯行グループは、時間がたつとやり取りの履歴が消える匿名《とくめい》性の高いアプリで連《れん》絡《らく》するよう指示される。直接《ちょくせつ》顔を合わせず、大まかな仕事内容《ないよう》や持ち物などの知らせがくる。

3 個人情報《じょうほう》を求められる

住所や名前などの個人情報、顔写真などを送るように求めてくる。言われるまま、マイナンバーカード、保険証《ほけんしょう》などを気軽に送信してしまう。中には、応募者の自宅《じたく》付近の動画を送信させる場合もある。

4 仕事内容（犯罪行為《こうい》）を知らされる

●「つかまらない」などと説得《せっとく》

仕事内容が明かされ、犯罪行為であるとわかる。「お金になる」「未成年だから大丈夫《だいじょうぶ》」「つかまらない」などと言って、犯罪に加わることを説得される。犯行グループは、応募者がおとなしく指示に従ううちは優《やさ》しく接《せっ》する。

● 本人や家族への脅迫《きょうはく》

断ろうとすると、犯行グループは、入手した応募者の個人情報をかかげて急に態度《たいど》を変える。仲間に加わらないと家に押《お》しかける、家族に危害《きがい》を加えるなどと言っておどし、途中《とちゅう》で逃《に》げ出すことをゆるさない。

5 犯罪行為に加担

犯罪グループのコマとして犯罪を実行。犯罪行為だと気づかないまま加担してしまう場合もある。

この投稿《とうこう》、全部闇《やみ》バイト！

@xxxx_xxxx

新規《しんき》案件《あんけん》紹介《しょうかい》します！
ここだけで紹介するお仕事です！
興味《きょうみ》のある人はDM《ディーエム》をください！
安心安全、金欠脱出《だっしゅつ》

#バイト紹介　#高収入《こうしゅうにゅう》　#借金返済《へんさい》

@xxxx_xxxx

バイト仲介《ちゅうかい》！日本全国動ける方募集《ぼしゅう》！
一日最低５万円！
手渡《てわた》しOK！
東京　大阪　名古屋　福岡

#ホワイト案件　#即日即金《そくじつそっきん》

お仕事紹介します！
突然のご連絡《れんらく》、失礼します！
だれでもできる簡単《かんたん》作業！
すぐにかせげるお仕事です！
人手不足のため
助けてください
ご連絡お待ちしています

- 軽作業
- 未経験《みけいけん》OK
- 現金《げんきん》手渡《てわた》しOK
- 日本全国交通費《ひ》支給《しきゅう》

当選のお知らせ！
当選おめでとうございます！
毎月簡単にかせぐ方法をあなただけにお伝えします
あまり知られていないお仕事ですが犯罪《はんざい》ではありません
興味がありましたらお返事ください

闇バイト募集の特徴《とくちょう》・要注意ワード

- ここだけで紹介するお仕事
- すぐにかせげる
- 安心安全／犯罪ではありません
- 高収入／高額報酬《こうがくほうしゅう》
- 即日即金／手渡しOK
- 日本全国
- ホワイト案件

くわしい仕事内容がわかりにくいね

「タダで〇〇してあげる」「お金をあげる」は要注意

おこづかいがほしいと思ったときに、SNS《エスエヌエス》でお金をくれる相手を募集する人がいます。食事などをするだけでお金をもらう、「パパ活（ママ活）」です。

パパ活はとてもキケン。相手が食事以上の行為《こうい》をたくらんだら、自分の身を守れません。SNSで知り合った人に、軽い気持ちで会うことはやめましょう。

もしなやみがあって、家族や先生に話すことができないときは、下の相談窓口《まどぐち》へ連絡してください。

無料スタンプ配布《はいふ》のワナ

連絡すると…

本人確認《かくにん》のために身分証《みぶんしょう》を送ってね

↓ 身分証の写真を送り、スタンプをもらう

スタンプのお礼として君の裸《はだか》の写真を送ってね

↓ 断ると…

こっちは君の住所も名前も知ってるんだよ。どうなるかわかるよね?

スタンプをわたす代わりに、裸の写真を要求する悪質《あくしつ》な事例。相手は、個人情報《じょうほう》をたてにおどし、自撮《じど》り画像の送信を強要する。

★犯罪なのか迷《まよ》ったら

「警察《けいさつ》相談専用《せんよう》電話」

#9110

待ちぶせやつきまとい、家庭内暴《ぼう》力《りょく》など、犯罪被害《ひがい》の危険性《きけんせい》があるときに相談できる。

★いじめや犯罪などで困《こま》っていたら

「都道府県警察の少年相談窓口」

いじめや犯罪の被害にあうなど、なやみのある子ども自身が相談できる。

エピローグ

こわい事例ばかりで
俺《おれ》、どうしたらいいか
わかんなく
なっちゃった…
お金をかせぐって
大変なんだね…
確《たし》かにお金は
使い方を間違《まちが》えたり、
知識《ちしき》もないまま
簡単《かんたん》に得《え》ようとすると
大変なことになります

でもしっかり働いたり、お手伝いでもらったおこづかいをためたりして得たものを正しく使えば、
ちゃんと幸せと交換《こうかん》できるんです
手に入りづらいものだからあこがれるのです
簡単に手に入ったらこれまで見てきた事例はそこまで深刻《しんこく》なことにはならなかったでしょう
『お金』というものに対してしっかり向き合うことが大事なんです
家でご家族と一度話し合ってみてください

南足
野菜の南足
北海道産
じゃがいも

野菜の南足
野菜の南足
おこづかい

宝島中学校
これ、ほしがってたろ？
え!? いいの!?
家の手伝い マジでしんどかった…
うれし〜
私《わたし》も、これ…よかったら…
マジで!? ありがとう！

『お金』は時に
人を苦しめる――
しかし時に、
人を笑顔にする
こともできる
『お金』との
上手なつき合い方
みんなで考えて
いきましょうね

ほかにもこんなトラブルが

ここまで、9つの「こわい話」を紹介《しょうかい》しましたが、お金にまつわるトラブルはほかにもたくさん起きています。同じような目にあわないように、日ごろから気をつけ、お金のルールを話し合いましょう。

「友達代」としてクラスメイトにお金をわたしていた。お金をわたしていたことが親の耳に入り、いじめなのではと学校に親が乗りこんで「警察《けいさつ》に相談する」と大さわぎになってしまった。友達関係はお金でつなぎとめるものではなかった。

スマホのパズルゲームで遊んでいたら、親からいきなり、「ゲームのせいで数万円の請求《せいきゅう》が届《とど》いた」と言われた。「課金したことはないので自分のせいではない」と言い返した。自動ログインというものになっていたらしく、勝手に有料のアイテムを買ってしまっていたらしい。「設定《せってい》のミスだった」と親から謝《あやま》られた。

友達が遊ぶたびにお金を持ってきてジュースなどを買うのがうらやましく、親のお財布《さいふ》から勝手に取って、持っていって使っていた。あとからバレてこっぴどくしかられた。正直に相談しておこづかいをもらえばよかった。

LINE《ライン》で無料のスタンプしか使っていなかったら、友達に「ダサい」と言われた。親にだまっていくつもスタンプを買ってしまって怒られた。本当は無料のものも気に入っていたのに。

ほかにもこんなトラブルが

テーマパークに友達と出かけたとき、売店で買い物をしたあと、しばらくして、お財布がないことに気がついた。売店にもどってみてもなく、探し回ったところ、全然ちがう場所に落ちていたが、中身をぬかれていた。子ども用のお財布からお金をぬすむ人がいるなんて……とショックだった。話に気を取られてお財布がないことに気づくのがおくれたことを反省。

友達とUFO《ユーフォー》キャッチャーで遊んでいたら、あっという間《ま》に持ってきていた分のお金がなくなってしまった。あきらめようとしたら、友達は自分用のキャッシュカードを持っていて、「お金をおろしてきてやるよ」と言ってＡ Ｔ Ｍ《エーティーエム》でお金をおろしてきたので、みんなでそのお金を使った。それを2、3回くり返したら、友達の親にバレたようで、一緒《いっしょ》に遊ぶのを禁止《きんし》されてしまった。

別のクラスの子が、お店から商品を万引きして、中古店で売ろうとしていた。大人でないと売ることができないので転売はできなかったそうだが、結局親にバレていた。親と一緒に商品を返しに行ってお店の人に謝ったが、「次は警察に言う」と言われたそうだ。

ポイントアプリでポイ活。無料の会員登録でポイントがもらえるようだったので登録した。クレジットカード番号の入力欄《らん》があったので親のカードの番号を入れておいた。忘《わす》れたころに、親から、「知らないサイトからお金が引かれている」と言われた。登録が無料だっただけで、月額《げつがく》の利用料がかかってしまっていたらしい。

お金にまつわる用語辞典

お金について、知っておくとこれから役に立つ用語を解説《かいせつ》します。もっと知りたいことがあったら、自分で調べたり、おうちの人に聞いたりしてみましょう。

●円高《えんだか》
日本円の価値《かち》が上がり、外国のお金と比《くら》べて多くのものを買える状態《じょうたい》。

●円安《えんやす》
日本円の価値が下がり、外国のお金と比べて買えるものが減る状態。

●外国為替《かわせ》
異《こと》なる国の通貨を交換《こうかん》するしくみのこと。たとえば、日本の「円」をアメリカの「ドル」に変えること。国によってお金の価値がちがうので、このしくみを使ってお金を交換する。

●株《かぶ》
会社が、事業を行うためのお金を集めるために発行するもの。株を買った人は会社に意見を言えるし、会社が成功したときは利益《りえき》を分けてもらえる。

●クラウドファンディング
インターネットを使ってたくさんの人からお金を集める方法のこと。たとえば、新しいアイデアやプロジェクトを実現したくても、自分だけだとお金が足りないときは、クラウドファンディングのサイトで協力を呼びかけ、賛《さん》同《どう》するみんなに少しずつお金を出してもらう。あとでお金を返したり、特典をあげたりすることでお礼をする。映画をつくりたい、商品をつくりたい、手術《しゅじゅつ》の費用《ひよう》を集めたいなど、いろいろなことに使われる。

●景気《けいき》
世の中のお金の動きや経済《けいざい》の元気のよさ悪さのこと。みんながたくさん買い物をしたり、仕事が増えたりすると「景気がよい」といい、逆《ぎゃく》の状態だと「景気が悪い」という。

● **国債《こくさい》**

国がお金を借りるために発行する紙（債券《さいけん》）のこと。銀行や投資家《とうしか》などが国債を買うことで国にお金を貸し、定期的に利子《りし》を受け取っている。道路をつくったり、災害《さいがい》の対策《たいさく》をしたりするときに使われる。

● **社会保障《しゃかいほしょう》**

みんなが安心して暮《く》らせるように、国が助けるしくみ。病気やけがが、仕事ができなくなったとき、高齢《こうれい》になったときなどにお金やサービスを受けられる。このしくみは、国民から少しずつ集める税《ぜい》金《きん》によって成り立っている。

● **税金《ぜいきん》**

国や都道府県が、道路や学校をつくったり、病院を助けたりするためのお金のこと。国民が働いたお給料の中から少しずつ払《はら》ったり（所得《しょとく》税《ぜい》）、買い物をするときに決まった割合《わりあい》で払ったりする（消費税《しょうひぜい》）。

● **投資《とうし》**

お金や時間を使って、将来《しょうらい》もっと大きな利益や価値を得《え》ようとすること。たとえば、会社にお金を投資して応援《おうえん》すると、その会社が成功したときに、見返りとして自分もお金を増やせる。

● **日本銀行《にっぽんぎんこう》**

日本のお金をつくったり、管理したりする国の中心的な銀行で、経済を安定させる役割《やくわり》がある。全国の銀行は日本銀行に口座《こうざ》を持っているので、「銀行の銀行」といわれる。一般《いっぱん》の人は利用できない。

● **年金《ねんきん》**

年を取って働けなくなったときや病気のときに、お金をもらえるしくみ。働いている若い世代から国が少しずつお金を集め、その時代のお年寄《としよ》りなどに年金として支払《しはら》われる。子どもの数がだんだん減《へ》っているので、今の働いている世代が年を取ったとき、もらえる年金が少なくなってしまう可能性《かのうせい》があることが問題になっている。

● **保険《ほけん》**

病気や事故《じこ》などで困《こま》ったことが起きたときにお金の助けがもらえるしくみ。毎月少しずつお金を払っておくことで、いざというときにまとまったお金をもらえるので、安心できる。自動車保険や火災保険、生命保険などたくさん種類がある。

おわりに

本書は「こわい」話を集めた本なので、読むうちに、お金がこわくなった、お金っていやだなと思った人もいるかもしれませんね。

以前に私《わたし》は、自己破産《じこはさん》についていろいろと調べたことがありました。自己破産とは、お金を使いすぎてしまって支払《しはら》いが困難《こんなん》になったとき、「もう支払えません」と宣言《せんげん》して、支払いをしなくてすむようにする手続きです。支払わなくてすむなんて、得《とく》だと思った人がいるかもしれません。でも、デメリットもたくさんあります。一定の職業《しょくぎょう》にはつけなくなったり、多くの人に「支払いがきちんとできなかった」ことが知られてしまったりします。ちょうど調べていたそのころ、小学生だった私の娘《むすめ》は、マンガで描《えが》かれた自己破産のパンフレットを読んで、「こわい。わたし、クレジットカードは持ちたくない」とつぶやいていました。

でも、クレジットカードも、お金も、むやみにこわがる必要はありません。お金は、持っている人がどう使うか、どうかせぐか次第で変わるものです。

お金にはパワーがあります。持つ人によって、よいお金になったり、悪いお金になったりします。よいことに使えば、人を救《すく》うことも喜《よろこ》ばせることもできます。自分が幸せになることも、社会に貢献《こうけん》することもできます。一方で、賄賂《わいろ》や犯罪《はんざい》につながったり、人に恨《うら》まれたりするようなお金も存在《そんざい》します。つまり、みなさん次第なのです。

本書を読んだみなさんは、きっと、お金との上手《じょうず》なつき合い方を模索《もさく》し、よいお金をたくさん生み出してくれることと信じています。

八木陽子《やぎようこ》

保護者の方へ

キャッシュレス、ゲーム、スマートフォン……etc.の普及で、お金の教育が必要となってきました。でも、世に出回るモノ・サービスが進んでいるわりに、お金の教育は追いついていないと思います。そして、学校での金融教育はごく限られた時間での実施なため、ご家庭の力に委ねられています。

では、ご家庭ではどんなふうにお金の教育をしたらよいでしょうか。難しく考えることはありません。最も大切なことが、「お金について話すこと」です。拍子抜けしたかもしれませんね。でも、これに尽きます。日本では、お金の話はタブー視されがちで、話しているようで話していないのが、お金のこと。

本書に描かれたようなトラブルに、お子さんが関わらないとは限りません。また、トラブルとまではいかなくても、親子で、お金の使い方で違和感が生じることがあるかもしれません。

友達同士で貸し借りをしていた。そんなときどうしますか？すでに持っている似たようなゲームを欲しがる。そんなときどうしますか？

大きな問題でないうちに、親子できちんと話し合う。そうすることで、どんなに少額の話であっても、また、どんなに小さな金銭トラブルであっても、丁寧に解決する習慣をつける。なぜなら、「お金は大切なものだから」。そんなメッセージを親から子に贈ることになると思います。

本書が、ご家庭で、親子でお金について話し合うきっかけになりますようにと願っています。

キッズ・マネー・ステーション代表
ファイナンシャルプランナー　八木陽子

監修者
八木陽子（やぎ・ようこ）
株式会社イー・カンパニー代表取締役。親子でお金と仕事を学ぶための「キッズ・マネー・ステーション」を主宰。出版社にて女性情報誌の編集に携わった後、ファイナンシャルプランナー、キャリアカウンセラーとして独立。「お金」「経済」「キャリア」について顧客の立場に立ってわかりやすく提案している。子どものお金教育にも力を入れており、講演や執筆を通し、お金の管理方法や大切さを伝えている。著書・監修書に『マンガでカンタン！　お金と経済の基本は7日間でわかります。』（Gakken）、『10歳から知っておきたいお金の心得　大切なのは稼ぎ方・使い方・考え方』（えほんの杜）などがある。

マンガ・イラスト　前山三都里

装丁・本文デザイン　池上幸一
本文DTP　井関ななえ
執筆　船木妙子
企画・編集　山口麻友、九内俊彦

大人になる前に知っておきたい本当にあったお金のこわい話

2025年3月7日　第1刷発行

監修　八木陽子
発行人　関川 誠

発行所　株式会社宝島社
〒102-8388
東京都千代田区一番町25番地
電話（営業）03-3234-4621
（編集）03-3239-0646
https://tkj.jp

印刷・製本　中央精版印刷株式会社

ISBN978-4-299-06309-0